FRANZ FERDINAND
CHORD SONGBOOK

This publication is not authorised for sale in the United States of America and/or Canada

WISE PUBLICATIONS
PART OF THE MUSIC SALES GROUP
London / New York / Paris / Sydney / Copenhagen / Berlin / Madrid / Tokyo

Published by
Wise Publications,
8/9 Frith Street, London, W1D 3JB, England.

Exclusive distributors:
Music Sales Limited,
Distribution Centre, Newmarket Road, Bury St Edmunds,
Suffolk, IP33 3YB, England.

Music Sales Pty Limited,
120 Rothschild Avenue, Rosebery,
NSW 2018, Australia.

Order No. AM985589
ISBN 1-84609-564-6
This book © Copyright 2006 by Wise Publications,
a division of Music Sales Limited.

Unauthorised reproduction of any part
of this publication by any means including
photocopying is an infringement of copyright.

Music processed by Paul Ewers Music Design.
Cover photographs courtesy of LFI.

Printed in the United Kingdom.

www.musicsales.com

Your Guarantee of Quality:
As publishers, we strive to produce every book
to the highest commercial standards.

The music has been freshly engraved. Particular care has been
given to specifying acid-free, neutral-sized paper made from pulps
which have not been elemental chlorine bleached.

This pulp is from farmed sustainable forests
and was produced with special regard for the environment.

Throughout, the printing and binding have been planned to ensure a sturdy,
attractive publication which should give years of enjoyment.

If your copy fails to meet our high standards, please inform us
and we will gladly replace it.

40'	4
auf achse	6
cheating on you	8
come on home	10
the dark of the matinée	12
darts of pleasure	15
do you want to	18
eleanor put your boots on	20
evil and a heathen	22
fade together	24
the fallen	26
i'm your villain	30
jacqueline	32
michael	34
outsiders	37
take me out	40
tell her tonight	46
this boy	43
this fire	48
walk away	50
well that was easy	53
what you meant	56
you could have it so much better	58
you're the reason i'm leaving	62
playing guide	64

40'

Words & Music by
Alexander Kapranos & Nicholas McCarthy

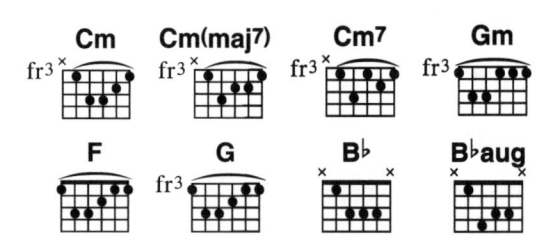

Chords: Cm, Cm(maj7), Cm7, Gm, F, G, B♭, B♭aug

Intro

‖: Cm Cm(maj7) | Cm7 Cm(maj7) | Cm Cm(maj7) | Cm7 Cm(maj7) :‖

‖: Cm Gm | Cm Gm | Cm Gm | Cm Gm :‖

Verse 1

Cm   Gm
As I glance once upon the foam,
Cm   F   Cm
Forty feet beneath my feet,
              Gm   Cm   F
The coldest calm falls through the molten veins,
                      G
Cooling all the blood to slush, that congeals around the brain again, oh.

Pre chorus 1

‖: Cm   Gm | Cm   Gm | Cm   Gm :‖
   La, la, la, la,   la, la, la,   la, la, la,   la, la, la, la.

Chorus 1

      F   ‖: Cm Gm :‖ Play 4 times
Oh, forty feet re - main.

Verse 2

Cm   Gm   Cm
Salt scales upon my drying arms,
      Gm   Cm
Burn my back beneath the sun
         Gm   Cm   F
But I am cold be - neath the burning rays,
           G
Looking down, looking down. Down, down again.

© Copyright 2004 Universal Music Publishing Limited.
All Rights Reserved. International Copyright Secured.

Pre-chorus 2 As Pre-chorus 1

Chorus 2
    F   (Cm)
    Oh, and forty feet re - main.

    ‖: Cm | Gm | Cm | F |
    (-main.)
    | Cm | Gm | B♭ B♭aug :‖

Instrumental ‖: Cm Gm | Cm F | Cm Gm | B♭ B♭aug :‖

Pre-chorus 3 As Pre-chorus 1 *(Play 4 times)*

Chorus 2
    F   (Cm)
    Oh, forty feet re - main.

    ‖: Cm | Gm | Cm | F |
    (-main.)
    | Cm Gm | B♭ B♭aug :‖ Cm ‖

Auf Achse

Words & Music by
Alexander Kapranos & Nicholas McCarthy

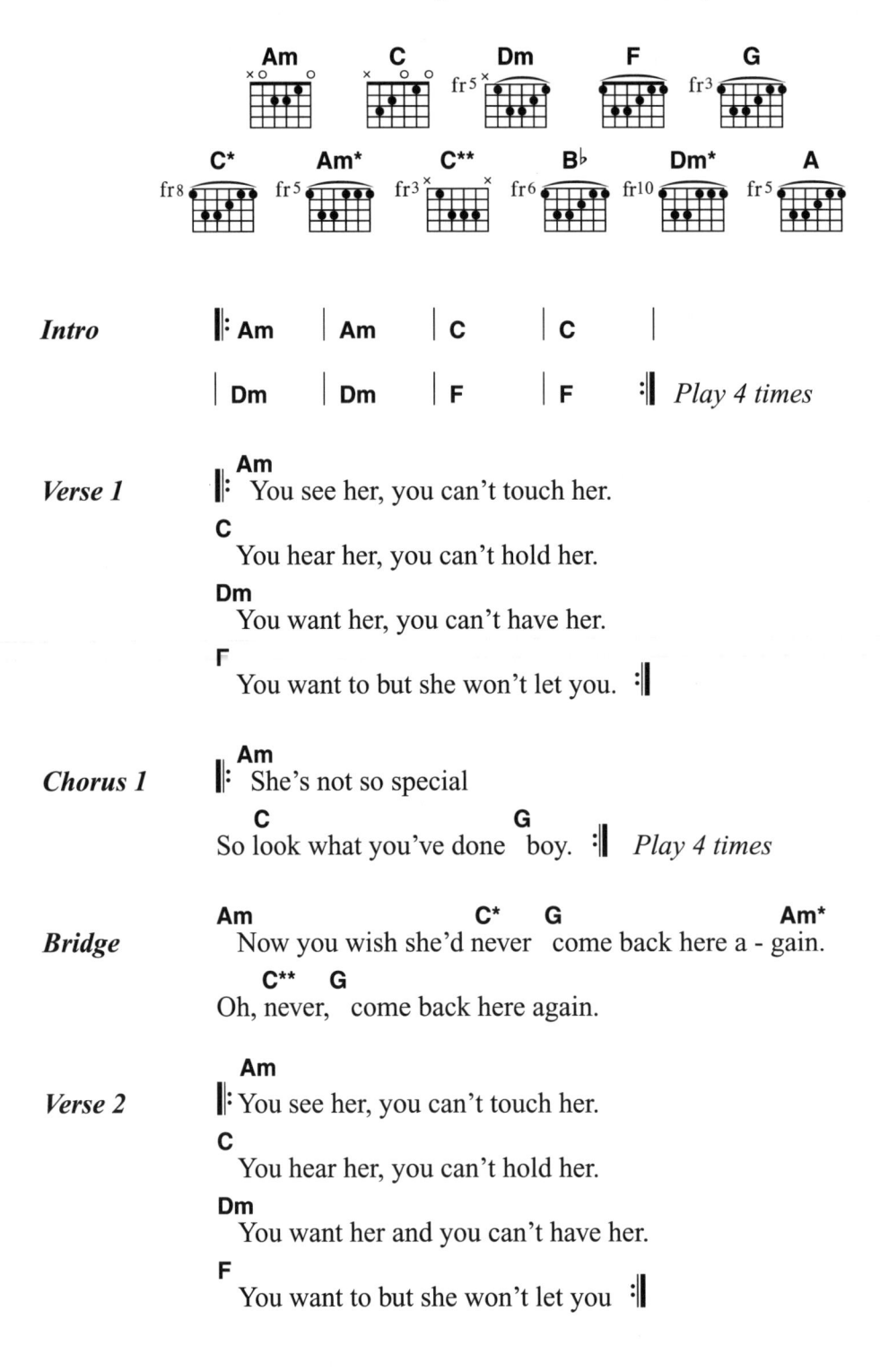

Intro

|: Am | Am | C | C |
| Dm | Dm | F | F :| *Play 4 times*

Verse 1

Am
|: You see her, you can't touch her.
C
You hear her, you can't hold her.
Dm
You want her, you can't have her.
F
You want to but she won't let you. :|

Chorus 1

Am
|: She's not so special
C   G
So look what you've done   boy. :| *Play 4 times*

Bridge

Am   C*   G   Am*
Now you wish she'd never   come back here a - gain.
          C**   G
Oh, never,   come back here again.

Verse 2

Am
|: You see her, you can't touch her.
C
You hear her, you can't hold her.
Dm
You want her and you can't have her.
F
You want to but she won't let you :|

© Copyright 2004 Universal Music Publishing Limited.
All Rights Reserved. International Copyright Secured.

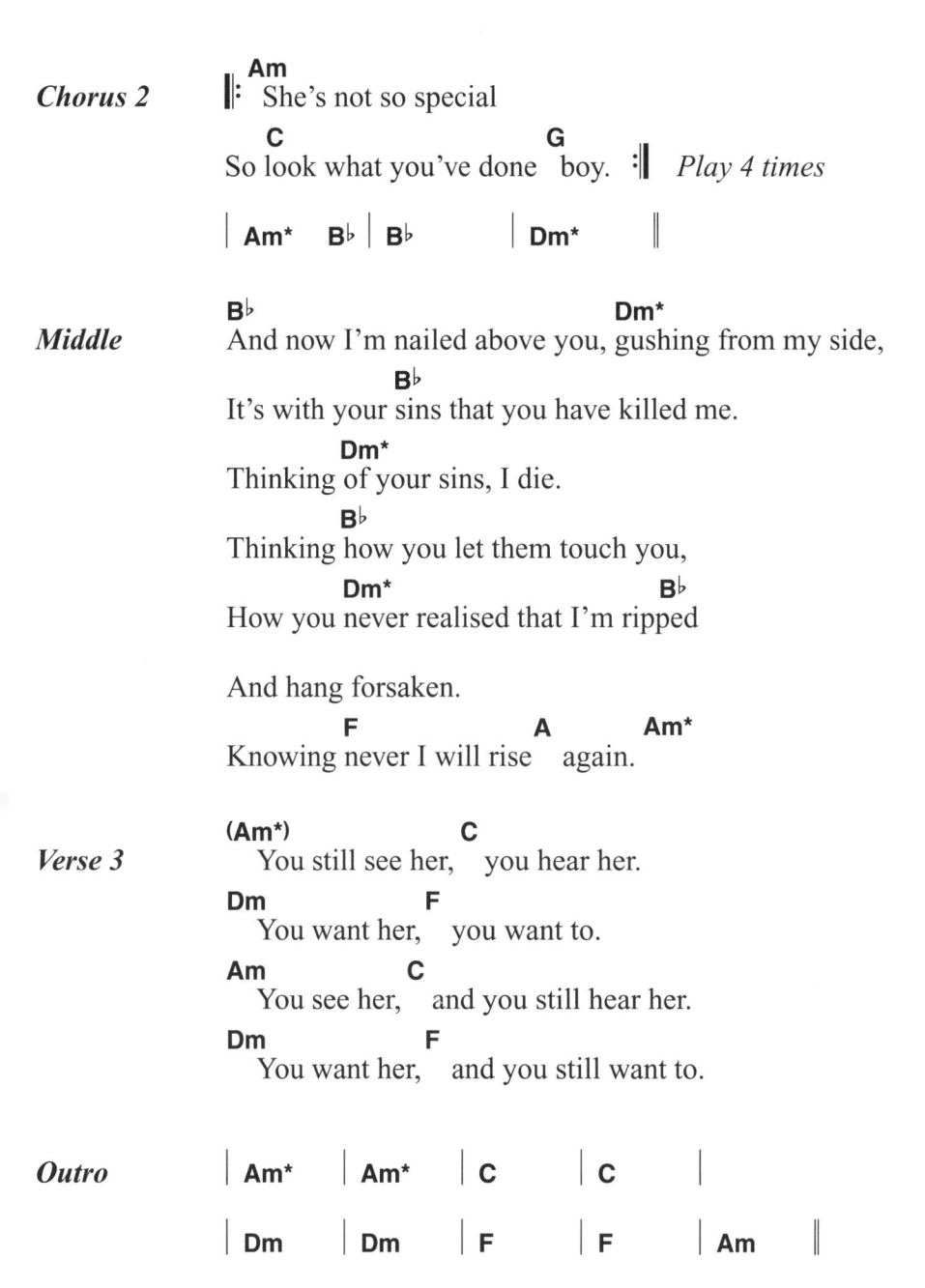

Chorus 2

|:   **Am**
    She's not so special

     C   **G**
So look what you've done   boy. :| *Play 4 times*

| **Am***   **B♭** | **B♭** | **Dm*** ||

Middle

B♭   **Dm***
And now I'm nailed above you, gushing from my side,

              B♭
It's with your sins that you have killed me.

       Dm*
Thinking of your sins, I die.

       B♭
Thinking how you let them touch you,

     Dm*   **B♭**
How you never realised that I'm ripped

And hang forsaken.

             F   **A**   **Am***
Knowing never I will rise   again.

Verse 3

  (Am*)   **C**
    You still see her,   you hear her.

Dm   **F**
   You want her,   you want to.

Am   **C**
   You see her,   and you still hear her.

Dm   **F**
   You want her,   and you still want to.

Outro

| **Am*** | **Am*** | **C** | **C** |

| **Dm** | **Dm** | **F** | **F** | **Am** ||

Cheating On You

**Words & Music by
Alexander Kapranos & Nicholas McCarthy**

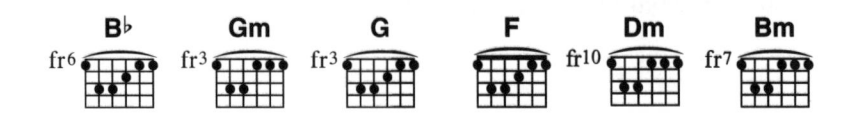

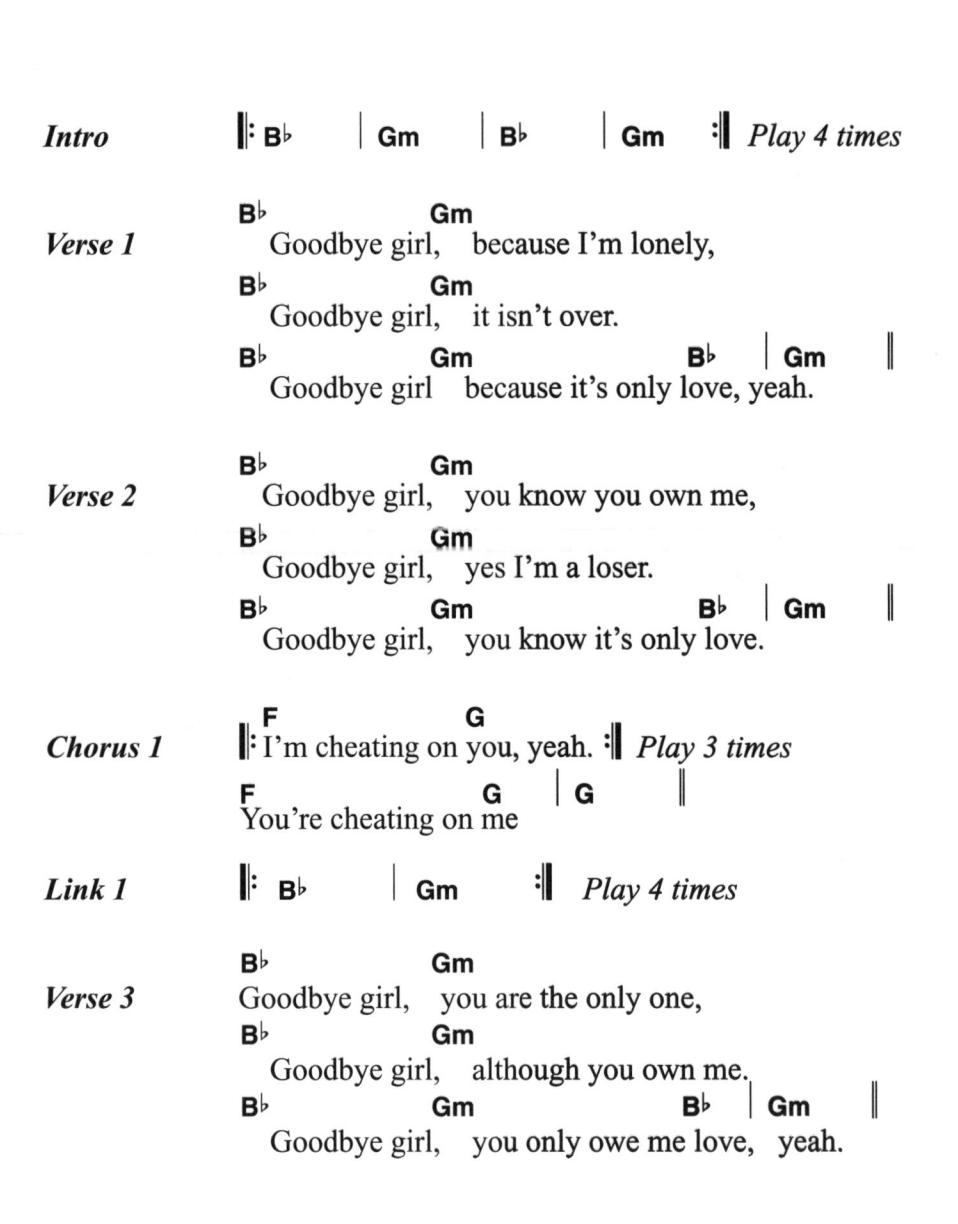

| B♭ | Gm | G | F | Dm | Bm |
| fr6 | fr3 | fr3 | | fr10 | fr7 |

Intro ‖: B♭ | Gm | B♭ | Gm :‖ *Play 4 times*

Verse 1
   B♭   Gm
Goodbye girl,   because I'm lonely,
   B♭   Gm
Goodbye girl,   it isn't over.
   B♭   Gm   B♭ | Gm ‖
Goodbye girl   because it's only love, yeah.

Verse 2
   B♭   Gm
Goodbye girl,   you know you own me,
   B♭   Gm
Goodbye girl,   yes I'm a loser.
   B♭   Gm   B♭ | Gm ‖
Goodbye girl,   you know it's only love.

Chorus 1
    F   G
‖: I'm cheating on you, yeah. :‖ *Play 3 times*
    F   G | G ‖
You're cheating on me

Link 1 ‖: B♭ | Gm :‖ *Play 4 times*

Verse 3
   B♭   Gm
Goodbye girl,   you are the only one,
   B♭   Gm
Goodbye girl,   although you own me.
   B♭   Gm   B♭ | Gm ‖
Goodbye girl,   you only owe me love,   yeah.

© Copyright 2004 Universal Music Publishing Limited.
All Rights Reserved. International Copyright Secured.

Verse 4
     B♭   **Gm**
    Goodbye girl,   well if you're lonely,
     B♭   **Gm**
    Goodbye girl,   why don't you join me?
     B♭   **Gm**   **B♭** | **Gm**   ‖
    Goodbye girl   you know it's only love.

Chorus 2
    F   **G**
    I'm cheating on you, yeah.
    F   **G**
    I'm thinking of you, yeah.
    F   **G**
    I'm cheating on you, yeah.
    F   **G** | **G** | **G** | **G** ‖
    I'm cheating on me.

Interlude | **D** | **Bm** | **D** | **Bm** |
                                           Watchout!
            | **D** | **Bm** | **D** | **Bm** ‖
                  Watchout!
           ‖: **B♭** | **Gm** | **B♭** | **Gm** :‖

Outro   ‖: **B♭** | **G** | **B♭** | **G** :‖
            Goodbye girl,   goodbye girl.

Come On Home

Words & Music by
Alexander Kapranos & Nicholas McCarthy

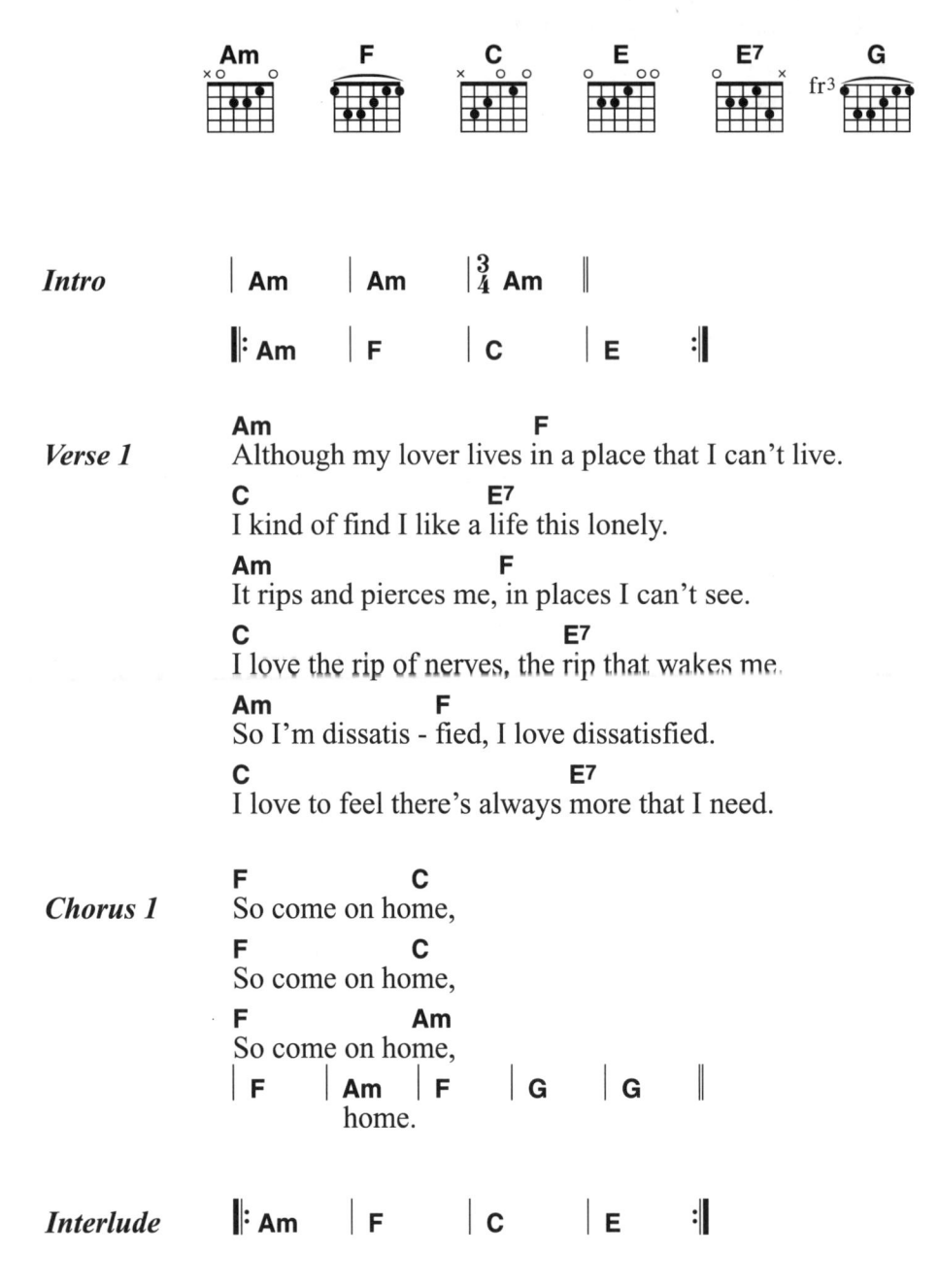

[Chord diagrams: Am, F, C, E, E7, G (fr3)]

Intro | Am | Am | 3/4 Am ||
||: Am | F | C | E :||

Verse 1
Am   F
Although my lover lives in a place that I can't live.
C   E7
I kind of find I like a life this lonely.
Am   F
It rips and pierces me, in places I can't see.
C   E7
I love the rip of nerves, the rip that wakes me.
Am   F
So I'm dissatis - fied, I love dissatisfied.
C   E7
I love to feel there's always more that I need.

Chorus 1
F   C
So come on home,
F   C
So come on home,
F   Am
So come on home,
| F | Am | F | G | G ||
home.

Interlude ||: Am | F | C | E :||

© Copyright 2004 Universal Music Publishing Limited.
All Rights Reserved. International Copyright Secured.

Verse 2

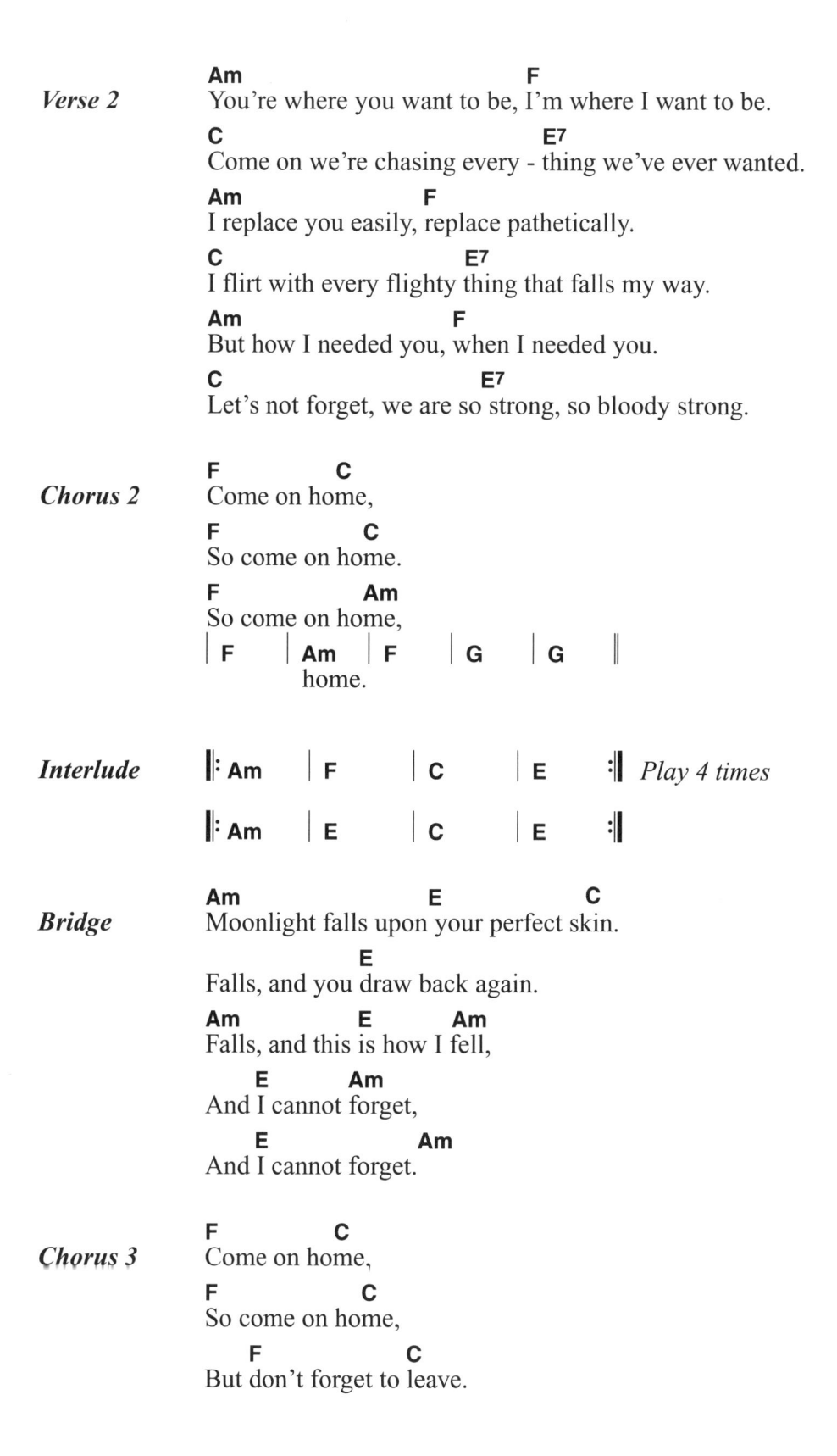

    Am   F
You're where you want to be, I'm where I want to be.
    C   E7
Come on we're chasing every - thing we've ever wanted.
    Am   F
I replace you easily, replace pathetically.
    C   E7
I flirt with every flighty thing that falls my way.
    Am   F
But how I needed you, when I needed you.
    C   E7
Let's not forget, we are so strong, so bloody strong.

Chorus 2

    F   C
Come on home,
    F   C
So come on home.
    F   Am
So come on home,
| F | Am | F   G | G ||
      home.

Interlude

‖: Am | F | C | E   :‖   *Play 4 times*

‖: Am | E | C | E   :‖

Bridge

    Am   E   C
Moonlight falls upon your perfect skin.
              E
Falls, and you draw back again.
    Am   E   Am
Falls, and this is how I fell,
      E   Am
And I cannot forget,
      E   Am
And I cannot forget.

Chorus 3

    F   C
Come on home,
    F   C
So come on home,
      F   C
But don't forget to leave.

The Dark Of The Matinée

Words & Music by
Alexander Kapranos, Nicholas McCarthy & Robert Hardy

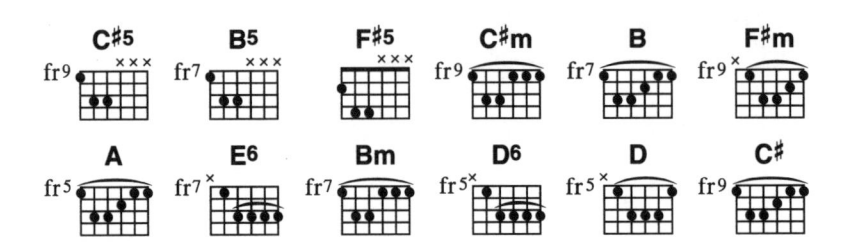

Intro | C#5 | C#5 ||
| C#5 | C#5 | B5 | F#5 |
| C#5 | C#5 | B5 | F#5 ||

Verse 1

C#m   B
You take your white finger,
F#m   C#m B
Slide the nail under the top and bottom buttons of my blazer.
F#m
Relax the fraying wool, slacken ties,

Pre-chorus 1

            A   E6
And I'm   not to look at you in the shoe,
          Bm   D6
But the eyes, find the eyes.

Chorus 1

Bm   D
Find me and follow me through corridors, refectories and files,

You must follow, leave this academic factory.
          Bm
You will find me in the matinee,

The dark of the matinee.

© Copyright 2004 Universal Music Publishing Limited.
All Rights Reserved. International Copyright Secured.

cont.

     D
It's better in the matinee,
                        A
The dark of the matinee is mine,
       C♯m **B** **F♯m**
Yes, it's mine.

Link

| C♯5 | C♯5 | B5 | F♯5 |

| C♯5 | C♯5 | B5 | F♯5 ||

Verse 2

 C♯m   **B**   **F♯m**
I time every journey   to bump into you, accidentally
 C♯m   **B**   **F♯m**
I charm you and tell you   of the boys I hate,

All the girls I hate,
A
  All the words I hate,

All the clothes I hate,
F♯m
  How I'll never be anything I hate.

Pre-chorus 2

A   **E6**
  You smile, mention something that you like,
                 Bm   **D6**
Or how you'd have a happy life if you did the things you like.

Chorus 2   As Chorus 1

Verse 3

 C♯m   **B**   **F♯m**
  So I'm on BBC2 now,

Telling Terry Wogan how I made it and
 C♯m   **B**   **F♯m**
  What I made is un - clear now,

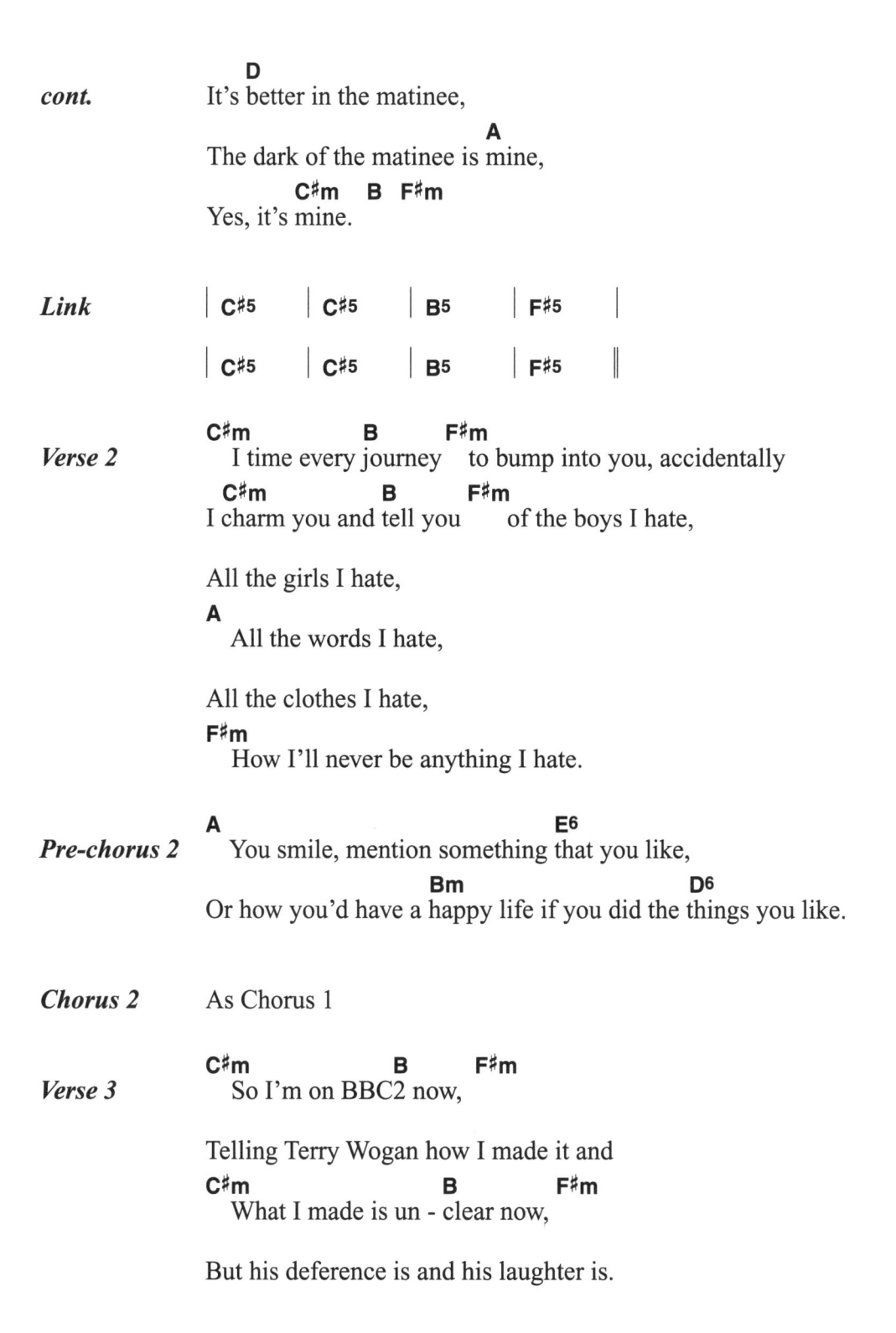

But his deference is and his laughter is.

Pre-chorus 3
       A   **E**
My words and smile are so easy now,
    Bm
Yes, it's easy now,
     D
Yes, it's easy now.

Chorus 3
Bm   **D**
Find me and follow me through corridors, refectories and files,

You must follow, leave this academic factory.
      Bm
You will find me in the matinee,

The dark of the matinee.
 D
It's better in the matinee,

The dark of the matinee.
      Bm   **D**
You will find me and follow me through corridors, refectories and files,

You must follow, leave this academic factory.
      Bm
You will find me in the matinee,

The dark of the matinee.
 D
It's better in the matinee,
                   A
The dark of the matinee is mine.
      C♯m **B** **F♯m** **C♯**
Yes, it's mine.

Darts Of Pleasure

Words & Music by
Alexander Kapranos & Nicholas McCarthy

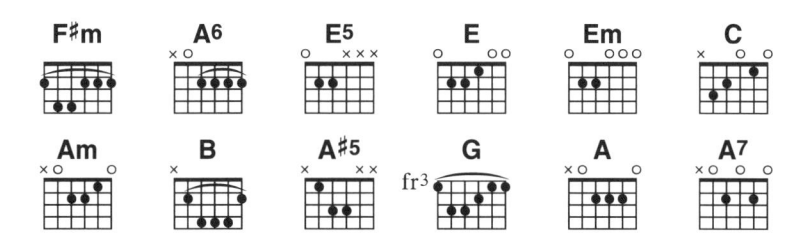

F#m   A6   E5   E   Em   C
Am   B   A#5   G   A   A7

Intro | F#m A6 | F#m E5 ||

Verse 1
F#m   A6   F#m   E5
   You are the latest con - tender
F#m   A6   F#m   E5
   You are the one to re - member
F#m   A6   F#m   E5
   You are the villain who sends a
E
Line of dark, fantastic passion
F#m   A6   F#m   E5
   I know that you will sur - render
F#m   A6   F#m   E5
   I know that you will sur - render
E
I want this fantastic passion
Em
    We'll have fantastic passion.

Chorus 1
C   Em
You can feel my lips undress your eyes,
          Am   Em
Undress your eyes, undress your eyes.
C
Words of love and words so leisured
Em
Words are poisoned darts of pleasure
B   Em   N.C. A#5
Die and so you die

© Copyright 2003 Universal Music Publishing Limited.
All Rights Reserved. International Copyright Secured.

15

Verse 2

```
    F#m         A6        F#m      E5
   You are the latest ad - venture
    F#m         A6        F#m      E5
   You're an e - motion a - venger
    F#m           A6        F#m      E5
      You are the devil that sells a
```
E
Line of dark, fantastic passion
```
    F#m          A6          F#m       E5
     I know that you will sur - render
    F#m        A6         F#m      E5
   I know that you will sur - render
```
E
I want this fantastic passion

Em
   We'll have fantastic passion.

Chorus 2

```
    C                              Em
   You can feel my lips undress your eyes,
              Am              Em
   Undress your eyes, undress your eyes
    C                              Em
   Skin can feel my lips they tingle, tense anticipation
    Am                 Em
   This one is an easy one, feel the word and melt upon it.
    C
   Words of love and words so leisured
```
Em
Words are poisoned darts of pleasure

```
    B          Em    N.C.
   Die and so you die.
```

Bass link ‖: G | E | G | E :‖

16

Outro
        G   **E**
        Ich heisse Superfantastisch!
        G   **E**
        Ich trinke Champus mit Lachsfisch!
        G   **A**   **E** | **E** |
        Ich heisse Su - per - fan - tas - tisch!
        G   **E**
        Ich heisse Superfantastisch!
        G   **E**
        Ich trinke Champus mit Lachsfisch!
        G   **A**   **E** | **E** |
        Ich heisse Su - per - fan - tas - tisch!
        G   **E**
        Ich heisse Superfantastisch!
        G   **E**
        Ich trinke Champus mit Lachsfisch!
        G   **A7**   **E**
        Ich heisse Su - per - fan - tas - tisch!

Do You Want To

Words & Music by
Alexander Kapranos, Nicholas McCarthy, Robert Hardy & Paul Thomson

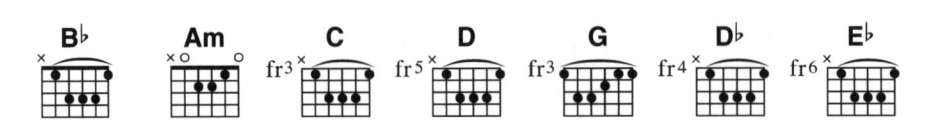

| B♭ | Am | C | D | G | D♭ | E♭ |

Intro

      N.C.   **B♭**
Oh, when I woke up tonight
                  Am
I said, "I'm gonna make somebody love me,

I'm gonna make somebody love me."
            C
And now I know, now I know, now I know,
           D
I know that it's you.

You're lucky, lucky, you're so lucky.

Pre-chorus 1

  G
Doo-doo-doo, doo, doo, doo-doo, doo-doo,

Doo-doo-doo, doo, doo, doo-doo, doo-doo,
C   **D**
Doo-doo-doo, doo, doo, doo-doo, doo-doo.

Chorus 1

  G
Well, do you. Do you, do you want to?

Well, do you. Do you, do you want to,
  C   **F**
Want to go where I'd never let you before?
  G
Doo-doo-doo, doo, doo, doo-doo, doo-doo,
  G
Well, do you? Do you, do you want to?

Well, do you? Do you, do you want to,
  C   **F**
Want a go of what I'd never let you before?
  G
Doo-doo-doo, doo, doo, doo-doo, doo-doo.

© Copyright 2005 Universal Music Publishing Limited.
All Rights Reserved. International Copyright Secured.

Verse 1
    Am
    Well, he's a friend and he's so proud of you,
    F
    He's a friend and I knew him before you, oh yeah.
    G
    Doo-doo-doo, doo, doo, doo-doo, doo-doo.
    Am
    Well, he's a friend and we're so proud of you,
    F
    He's a friend and I blew him before you, oh yeah.

Pre-chorus 2   As Pre-chorus 1

Chorus 2
    G
    ‖: Well, do you. Do you, do you want to? :‖
        C   **F**
    Want a go where I've never let you before?
    G
    Doo-doo-doo, doo, doo, doo-doo, doo-doo.

Verse 2
    Am
    Well, here we are at the transmission party,
    F
    I love your friends; they're all so arty, oh yeah.
    G
    ‖: Doo-doo-doo, doo, doo, doo-doo, doo-doo, :‖

Instrumental 1 ‖: G | G   :‖ *Play 4 times*

Bridge 1   As Intro

Pre-chorus 3   As Pre-chorus 1

Chorus 3
    G
    ‖: Well, do you. Do you, do you want to? :‖
        C   **F**
    Want a go where I've never let you before?

Instrumental 2 | G | C | G   ‖

Outro
      C   **D♭**   **D**   **E♭**
    ‖: Lucky, lucky, you're so lucky, Lucky, lucky, you're so lucky, :‖
    C   *Play 3 times*
    Yeah!

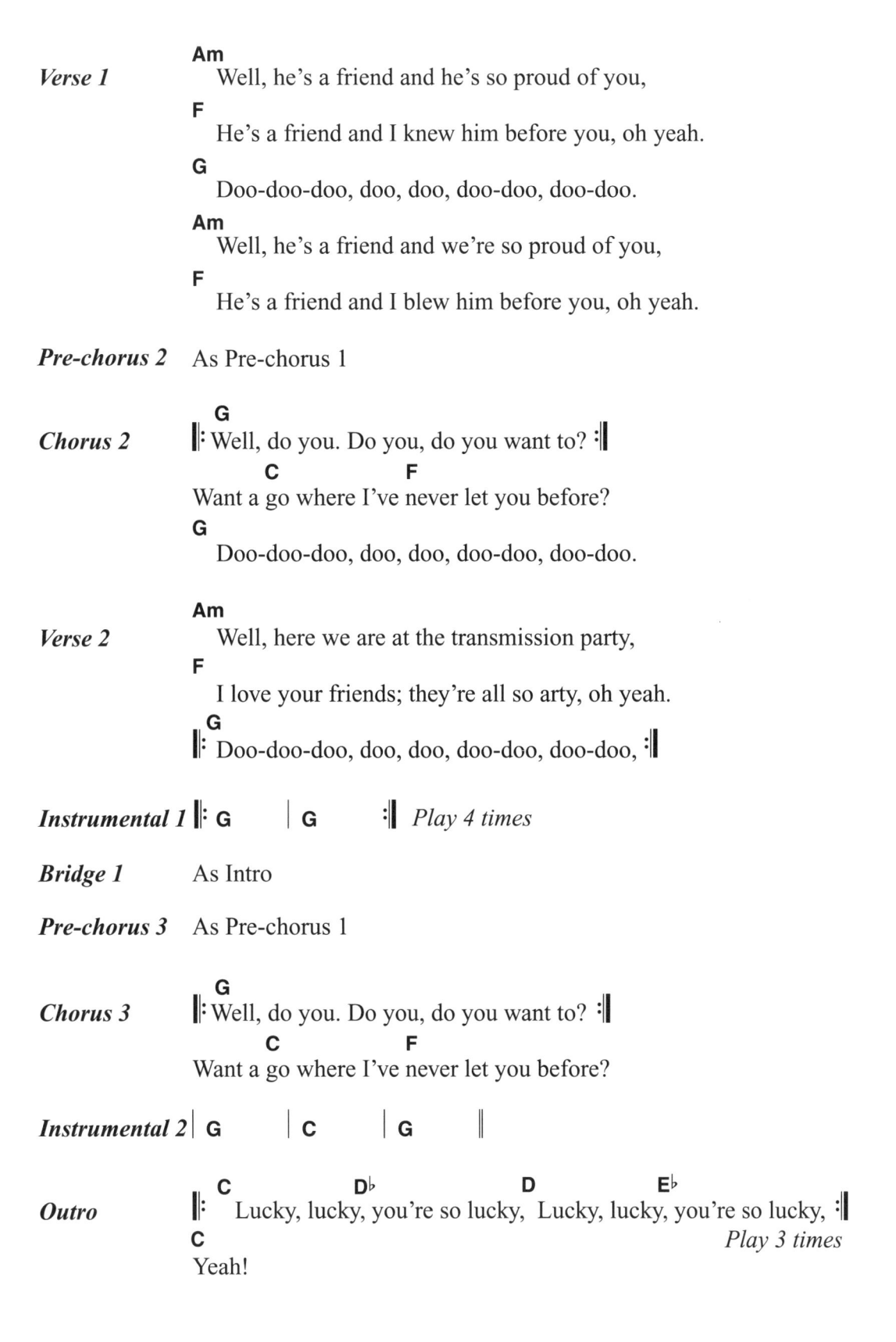

Eleanor Put Your Boots On

Words & Music by
Alexander Kapranos, Nicholas McCarthy, Robert Hardy & Paul Thomson

G   Bm   C   D♯dim7   D
F   Gm   C/G   Em   B7   Am

Intro   ‖: G | Bm   :‖ *Play 5 times*

Verse 1
     C   Bm
Eleanor put those boots   back on,
         C   Bm
Kick the heels into the Brooklyn dirt.
    C   Bm   D♯dim7
I know it isn't dignified to run.
            G
But if you run,
        D   C   Bm
You can run to the Coney Island roll - ercoaster.
G   D   C   Bm
Ride to the highest point and leap across the filthy water.
C   Bm   F
Leap until the Gulf Stream's brought you down,

Link 1 | F | F | G | Bm |
          Mm - mm.
G   Bm
I could be there when you land.
G   Bm C
I could be there when you land.

Interlude | Gm | C/G | Gm | C/G | Gm |
| C/G | Em | C | Em | B7   ‖

© Copyright 2005 Universal Music Publishing Limited.
All Rights Reserved. International Copyright Secured.

Verse 2

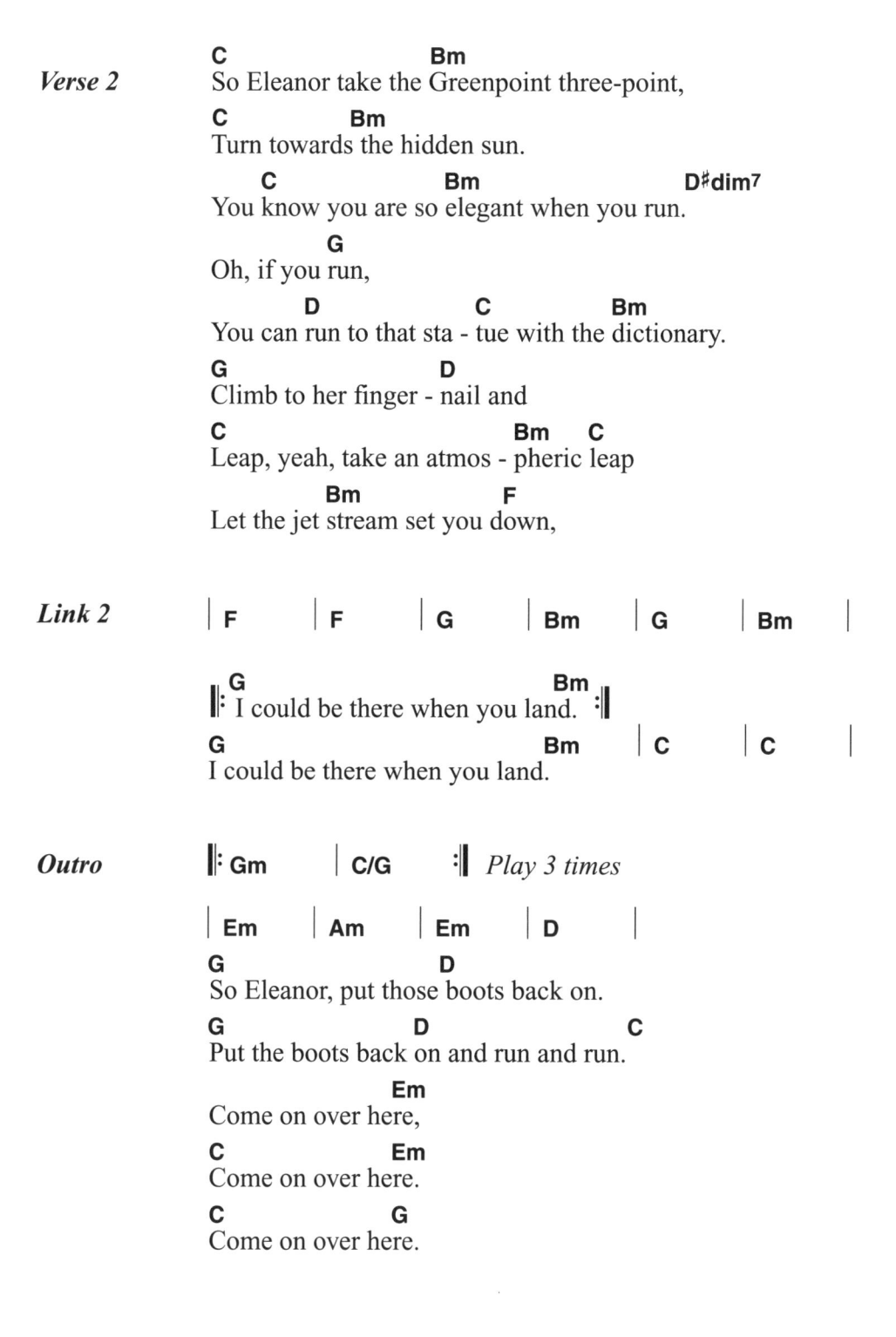

    C   **Bm**
So Eleanor take the Greenpoint three-point,
C   **Bm**
Turn towards the hidden sun.
          C   **Bm**   **D♯dim7**
You know you are so elegant when you run.
          G
Oh, if you run,
        D   **C**   **Bm**
You can run to that sta - tue with the dictionary.
G   **D**
Climb to her finger - nail and
C   **Bm**   **C**
Leap, yeah, take an atmos - pheric leap
      Bm   **F**
Let the jet stream set you down,

Link 2

| F | F | G | Bm | G | Bm |

  G   **Bm**
‖: I could be there when you land. :‖
G   **Bm** | C | C |
I could be there when you land.

Outro

‖: Gm | C/G :‖ *Play 3 times*

| Em | Am | Em | D |

G   **D**
So Eleanor, put those boots back on.
G   **D**   **C**
Put the boots back on and run and run.
             Em
Come on over here,
C   **Em**
Come on over here.
C   **G**
Come on over here.

Evil And A Heathen

Words & Music by
Alexander Kapranos, Nicholas McCarthy, Robert Hardy, & Paul Thomson

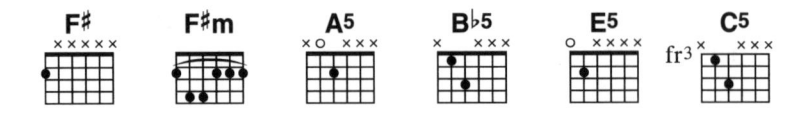

[Chord diagrams: F#, F#m, A5, Bb5, E5, C5]

Intro ||: F# :|| Play 15 times

Verse 1
F#m
Words fall from our mouths,

Like plates from shaking hands.

Smash upon the silence

Of the smooth naked canal.

Chorus 1
F#m
I'm evil and a heathen, I'm evil and a heathen,

I'm a heathen and evil like you

And there's not a lot, not a lot I couldn't do.

||: F#m :|| Play 12 times

Verse 2
F#m
I like how you pretend

That the end will be the end.

So fill your thirst,

Drink a curse

To the death of death instead.

© Copyright 2005 Universal Music Publishing Limited.
All Rights Reserved. International Copyright Secured.

Chorus 2

    F♯m
I'm evil and a heathen, I'm evil and a heathen,

I'm a heathen and evil like you

                                        A5 B♭5
There's not a lot, not a lot I wouldn't do.

Bridge

  E5   **C5**
Utrecht led me to the Sacre Coeur,

       E5   **C5**
Where the smoke curled round.

       E5   **C5**
Now the ice blows of Lake Michigan,

         E5
When the ice blows,

  C5
The ice flow knocks you,

   F♯m
‖: Oh, the ice flow knocks you down :‖ *Play 3 times*

Verse 3

F♯m
Your teeth are black with wine,

As you place those lips on mine.

The moon hangs heavy and forbidden high

On the **** night of our lives.

Chorus 3

F♯m
I'm evil and a heathen, I'm evil and a heathen,

I'm a heathen and evil like you

There's not a lot, not a lot we couldn't do, yeah!

Evil like you, oh!

I'm evil like you, whoo!

I'm evil like you,

Oh, heathen like you.

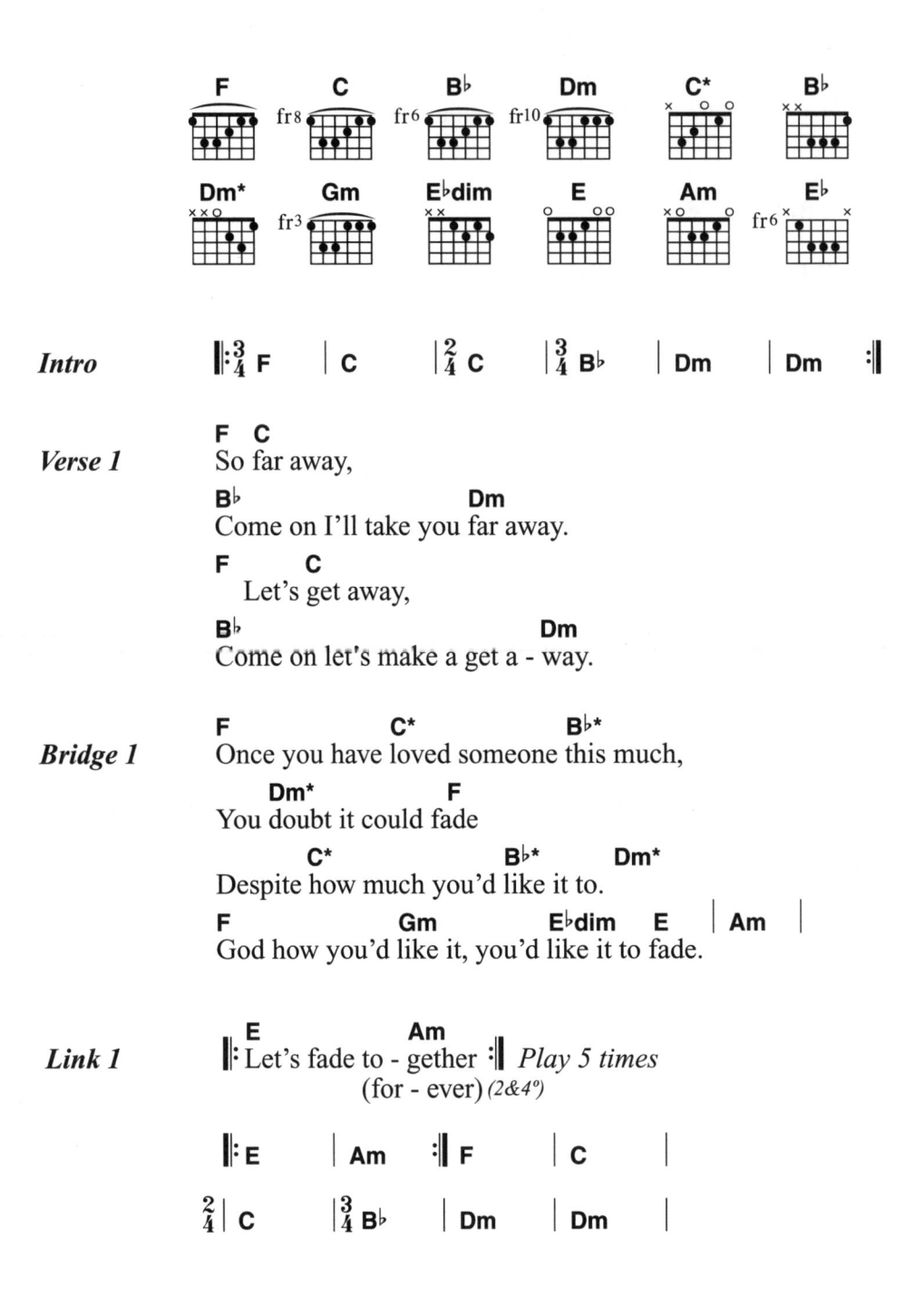

Fade Together

**Words & Music by
Alexander Kapranos, Nicholas McCarthy, Robert Hardy & Paul Thomson**

Intro
$\|: \frac{3}{4}$ F | C | $\frac{2}{4}$ C | $\frac{3}{4}$ B♭ | Dm | Dm :$\|$

Verse 1

F   C
So far away,

B♭   Dm
Come on I'll take you far away.

F   C
   Let's get away,

B♭   Dm
Come on let's make a get a - way.

Bridge 1

F   C*   B♭*
Once you have loved someone this much,

Dm*   F
You doubt it could fade

C*   B♭*   Dm*
Despite how much you'd like it to.

F   Gm   E♭dim   E | Am |
God how you'd like it, you'd like it to fade.

Link 1

E   Am
$\|$: Let's fade to - gether :$\|$ *Play 5 times*
      (for - ever) *(2&4°)*

$\|$: E | Am   :$\|$ F | C |

$\frac{2}{4}$ C | $\frac{3}{4}$ B♭ | Dm | Dm |

© Copyright 2005 Universal Music Publishing Limited.
All Rights Reserved. International Copyright Secured.

Verse 2

   F   C
If we get away,
B♭   Dm
You know we might just stay away.
F   C
So stay awake,
    B♭   Dm
Why   the hell should I stay awake?
F   C
When you're far away,
   B♭   Dm
Oh,   God you are so far away.

Bridge 2

    F   C*
I looked your wall,
        B♭*   Dm*
Saw that old passport photograph.
 F   C*   B♭*   Dm*
I look like I've just jumped the Berlin Wall.
F   Gm
Berlin, I love you
E♭dim   E   Am
I'm starting to fade.

Chorus 2

‖: E   Am :‖ *Play 7 times*
Let's fade to - gether.
       (for - ever) *(2,4&6º)*

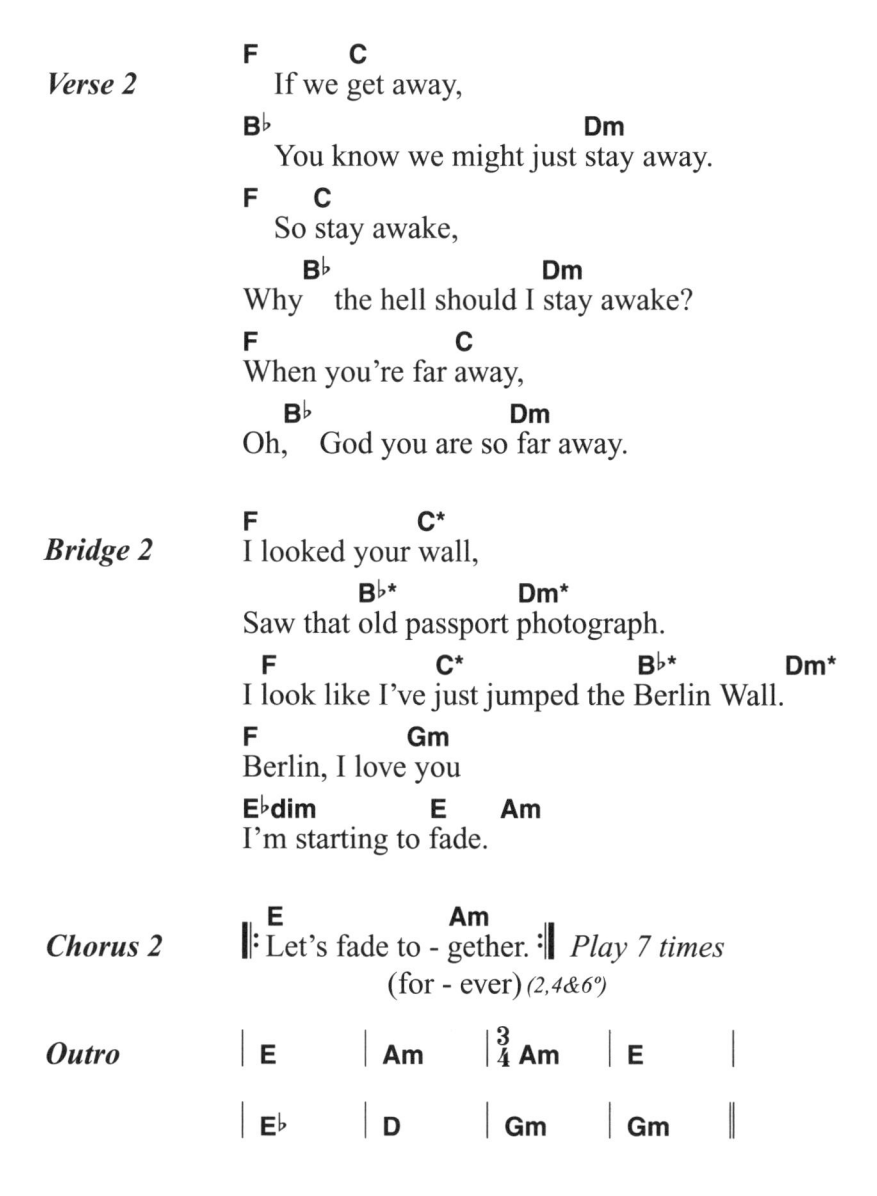

Outro

| E | Am | ¾ Am | E |

| E♭ | D | Gm | Gm ‖

25

The Fallen

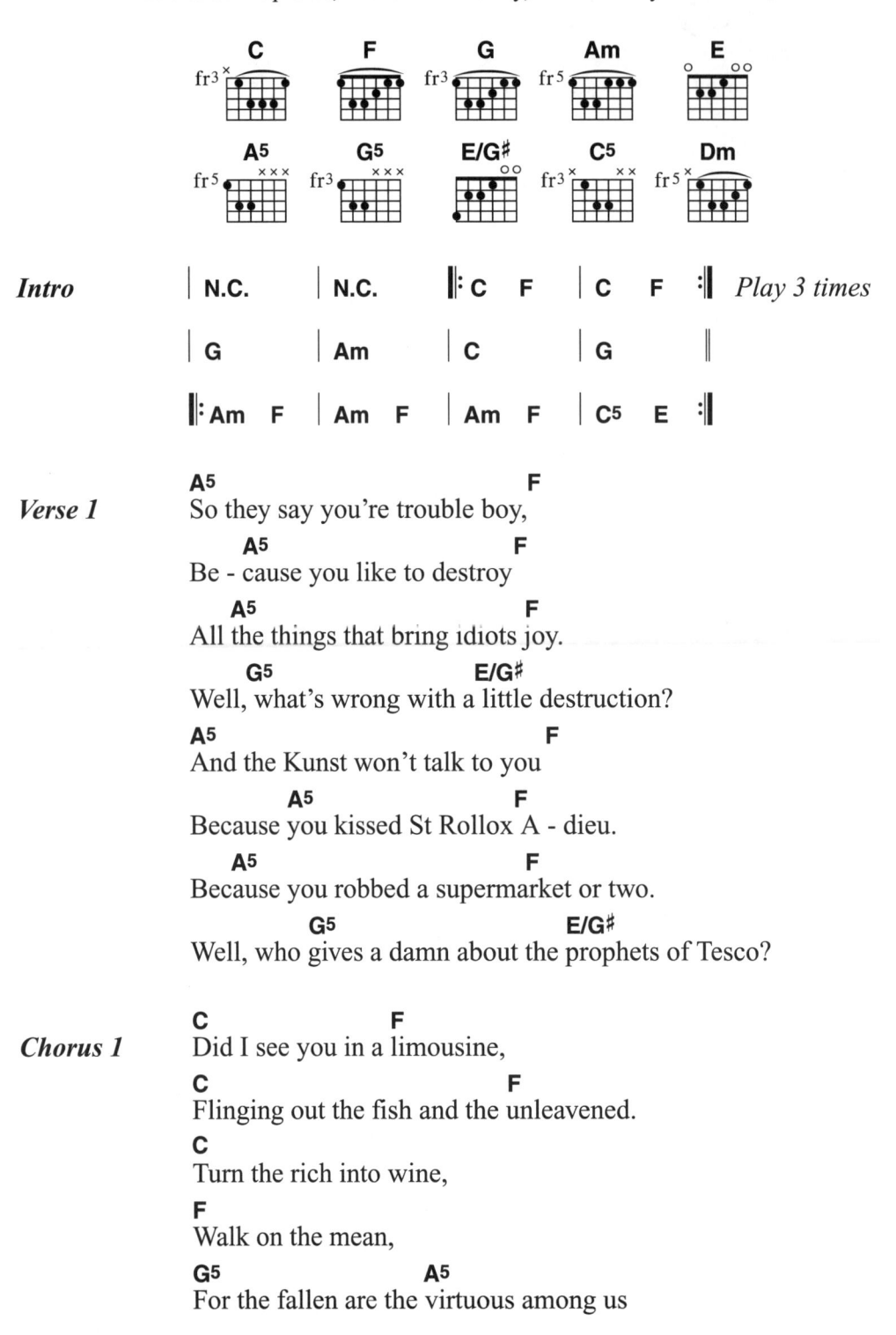

Words & Music by
Alexander Kapranos, Nicholas McCarthy, Robert Hardy & Paul Thomson

Intro	| N.C. | N.C. |: C F | C F :| *Play 3 times*
	| G | Am | C | G ||
	|: Am F | Am F | Am F | C5 E :|

Verse 1

   A5   F
So they say you're trouble boy,
     A5   F
Be - cause you like to destroy
    A5   F
All the things that bring idiots joy.
      G5   E/G#
Well, what's wrong with a little destruction?
   A5   F
And the Kunst won't talk to you
     A5   F
Because you kissed St Rollox A - dieu.
    A5   F
Because you robbed a supermarket or two.
      G5   E/G#
Well, who gives a damn about the prophets of Tesco?

Chorus 1

  C   F
Did I see you in a limousine,
  C   F
Flinging out the fish and the unleavened.
  C
Turn the rich into wine,
F
Walk on the mean,
    G5   A5
For the fallen are the virtuous among us

© Copyright 2005 Universal Music Publishing Limited.
All Rights Reserved. International Copyright Secured.

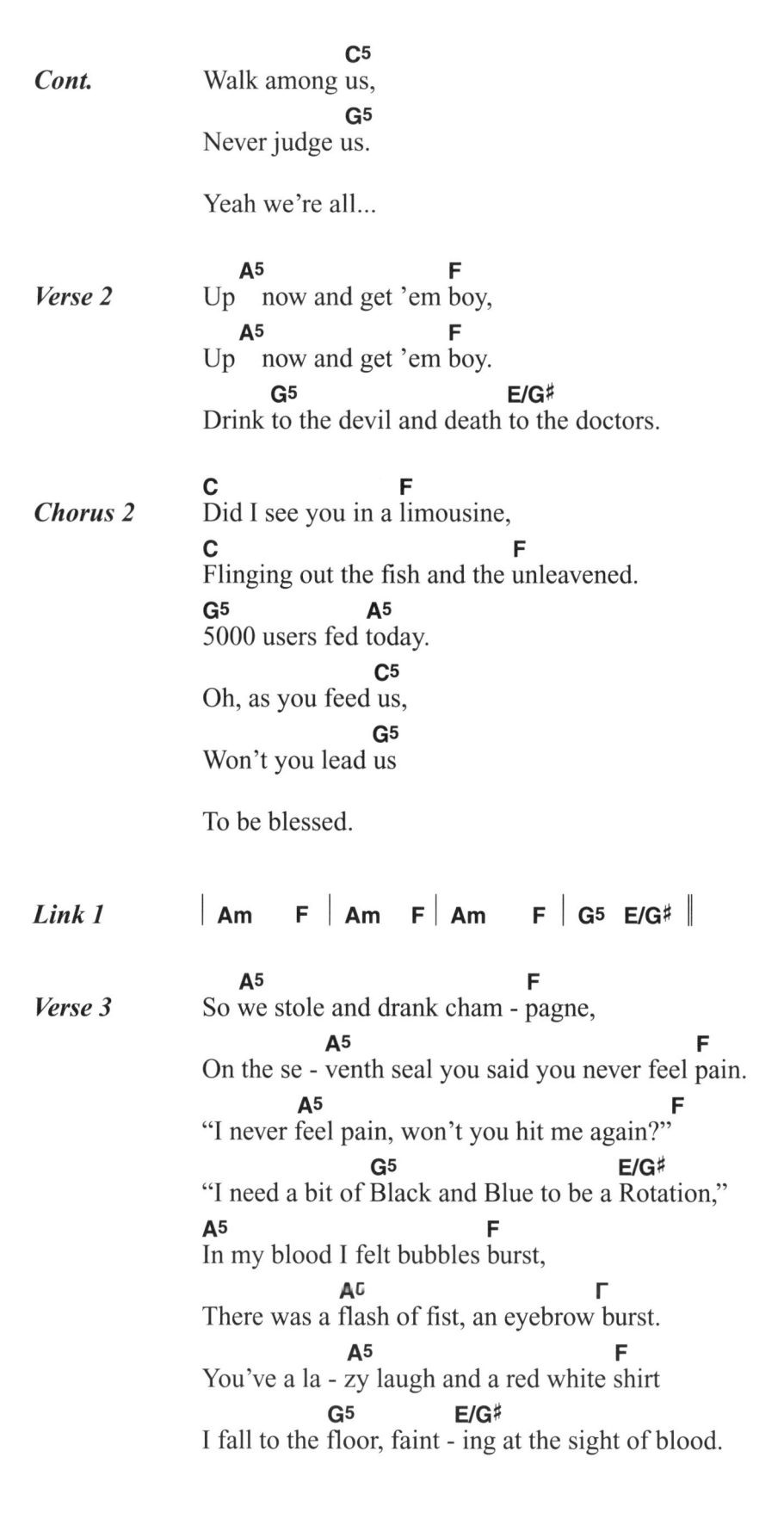

Cont.

       C5
Walk among us,
         G5
Never judge us.

Yeah we're all...

Verse 2

  A5   **F**
Up   now and get 'em boy,
  A5   **F**
Up   now and get 'em boy.
    G5   **E/G#**
Drink to the devil and death to the doctors.

Chorus 2

C   **F**
Did I see you in a limousine,
C   **F**
Flinging out the fish and the unleavened.
G5   **A5**
5000 users fed today.
             C5
Oh, as you feed us,
           G5
Won't you lead us

To be blessed.

Link 1

| Am   F | Am   F | Am   F | G5 E/G# ||

Verse 3

  A5   **F**
So we stole and drank cham - pagne,
     A5   **F**
On the se - venth seal you said you never feel pain.
     A5   **F**
"I never feel pain, won't you hit me again?"
       G5   **E/G#**
"I need a bit of Black and Blue to be a Rotation,"
A5   **F**
In my blood I felt bubbles burst,
        A5   **F**
There was a flash of fist, an eyebrow burst.
         A5   **F**
You've a la - zy laugh and a red white shirt
        G5   **E/G#**
I fall to the floor, faint - ing at the sight of blood.

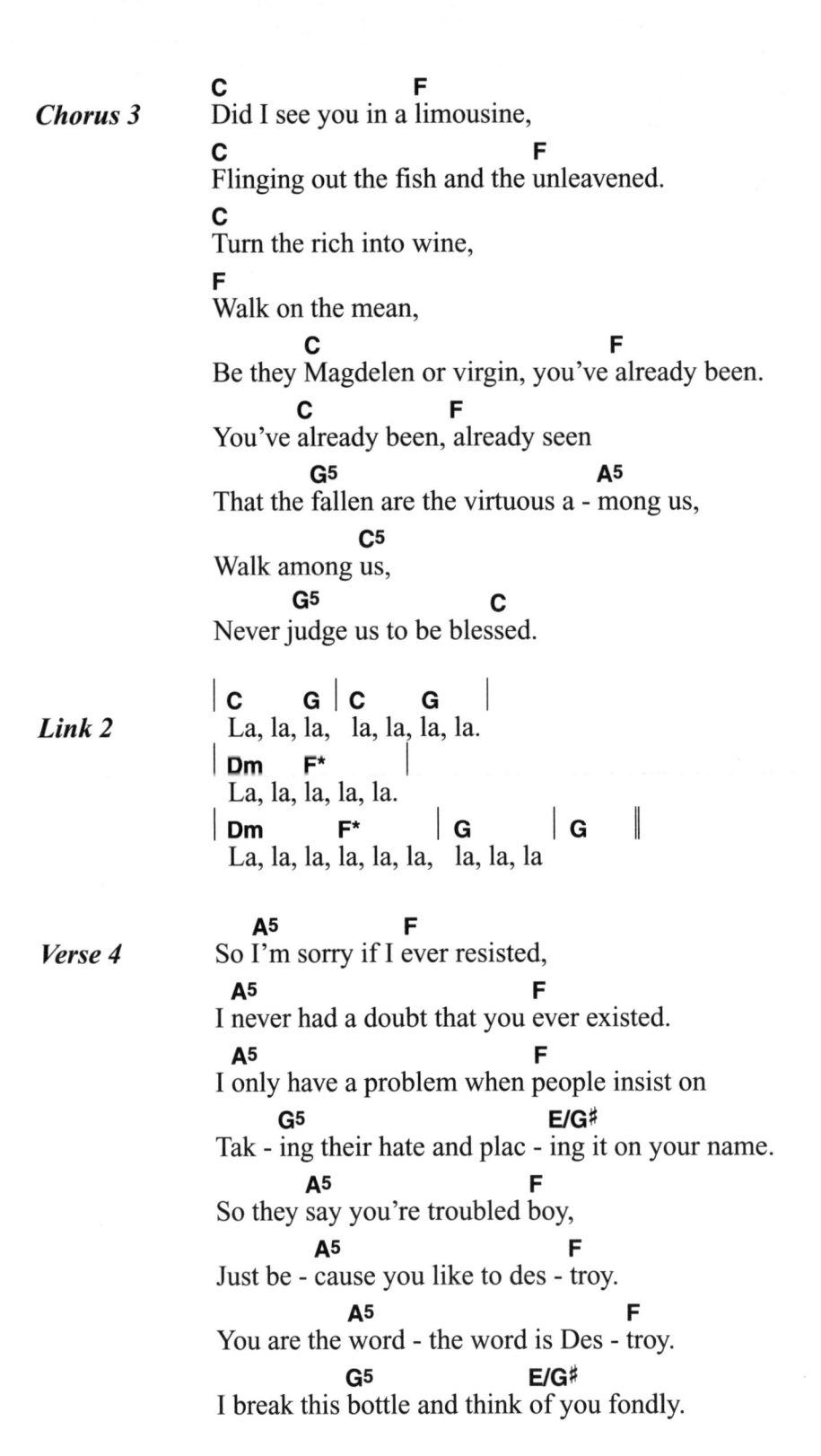

Chorus 3

C   F
Did I see you in a limousine,
C   F
Flinging out the fish and the unleavened.
C
Turn the rich into wine,
F
Walk on the mean,
        C   F
Be they Magdelen or virgin, you've already been.
          C   F
You've already been, already seen
         G5   A5
That the fallen are the virtuous a - mong us,
         C5
Walk among us,
       G5   C
Never judge us to be blessed.

Link 2

| C   G | C   G |
La, la, la, la, la, la, la.
| Dm   F* |
La, la, la, la, la.
| Dm   F* | G | G ||
La, la, la, la, la, la, la, la, la

Verse 4

       A5   F
So I'm sorry if I ever resisted,
      A5   F
I never had a doubt that you ever existed.
      A5   F
I only have a problem when people insist on
     G5   E/G#
Tak - ing their hate and plac - ing it on your name.
      A5   F
So they say you're troubled boy,
       A5   F
Just be - cause you like to des - troy.
        A5   F
You are the word - the word is Des - troy.
      G5   E/G#
I break this bottle and think of you fondly.

Chorus 4

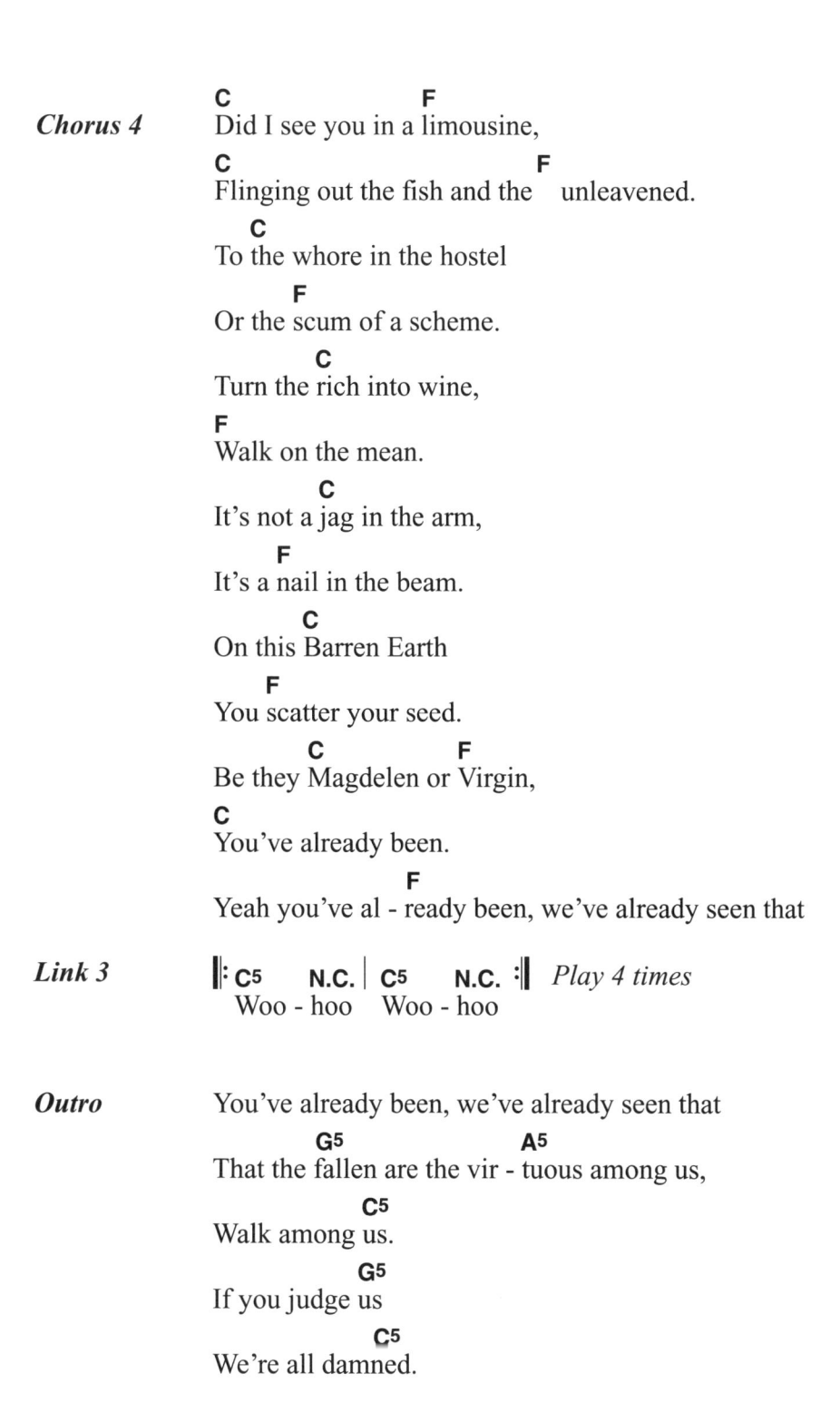

    C   F
Did I see you in a limousine,
    C   F
Flinging out the fish and the   unleavened.
        C
To the whore in the hostel
        F
Or the scum of a scheme.
          C
Turn the rich into wine,
F
Walk on the mean.
           C
It's not a jag in the arm,
     F
It's a nail in the beam.
           C
On this Barren Earth
   F
You scatter your seed.
         C   F
Be they Magdelen or Virgin,
C
You've already been.
                    F
Yeah you've al - ready been, we've already seen that

Link 3

‖: C5   N.C. | C5   N.C. :‖ *Play 4 times*
  Woo - hoo Woo - hoo

Outro

You've already been, we've already seen that
        G5   A5
That the fallen are the vir - tuous among us,
        C5
Walk among us.
      G5
If you judge us
         C5
We're all damned.

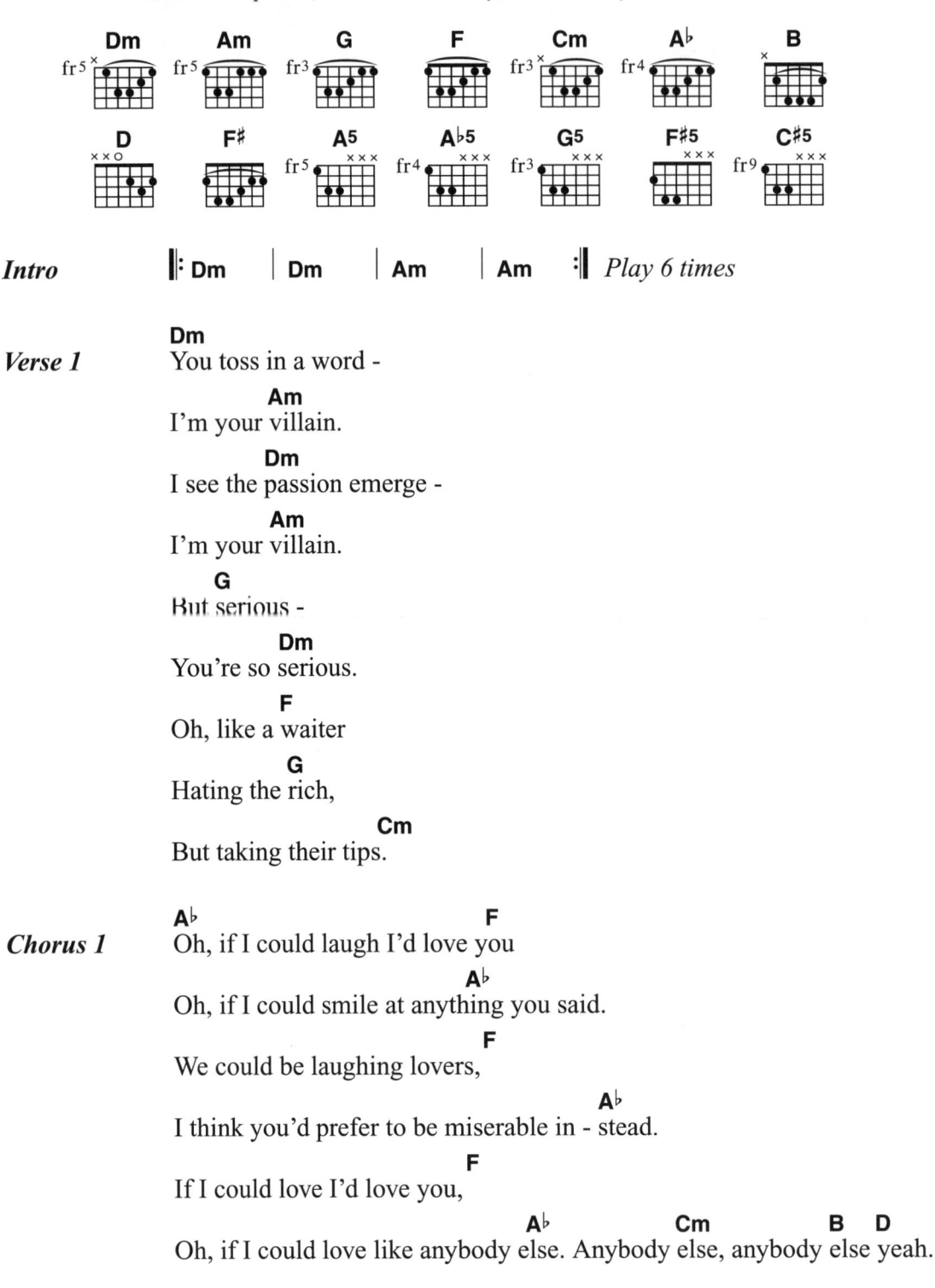

I'm Your Villain

Words & Music by
Alexander Kapranos, Nicholas McCarthy, Robert Hardy & Paul Thomson

Intro   ‖: Dm | Dm | Am | Am :‖ Play 6 times

Verse 1

Dm
You toss in a word -
Am
I'm your villain.
Dm
I see the passion emerge -
Am
I'm your villain.
G
But serious -
Dm
You're so serious.
F
Oh, like a waiter
G
Hating the rich,
Cm
But taking their tips.

Chorus 1

A♭   **F**
Oh, if I could laugh I'd love you
                          A♭
Oh, if I could smile at anything you said.
                    F
We could be laughing lovers,
                                    A♭
I think you'd prefer to be miserable in - stead.
                     F
If I could love I'd love you,
                        A♭   **Cm**   **B   D**
Oh, if I could love like anybody else. Anybody else, anybody else yeah.

© Copyright 2005 Universal Music Publishing Limited.
All Rights Reserved. International Copyright Secured.

Link 1 | Am | Am | Dm | Dm | Am | Am   ‖

||: Dm | Dm | Am | Am   :||

Verse 2
Dm
I know what I am -
　　Am
I'm your villain.
　Dm
Oh no I don't give a damn if
　　Am
I'm your villain.
　　G
Because serious,
　　Dm
You're so serious.
　　F
But I've got ready salted
　　G
Ready on your belly
　　　　F♯
If you want to have fun.

Link 2 | A5 | A5 A♭5 G5 | F♯5 | F♯5 G5 A♭5 |

| A5 | A5 A♭5 G5 | F♯5 | F♯5 G5 A♭5 ‖

||: A5 | A5   A♭5 G5 |
　　I'll see you later, baby, see you later
| F♯5 | F♯5   G5 A♭5 :|| *Play 3 times*
　　I'll see you later, baby, see you later

Outro ||: A5 | A5 A♭5 G5 | F♯5 | F♯5 G5 A♭5 :||

| A5 | C♯5 | F♯5 | F♯5 |

| A5 | C♯5 | F♯5   ‖

Jacqueline

Words & Music by
Alexander Kapranos, Nicholas McCarthy & Robert Hardy

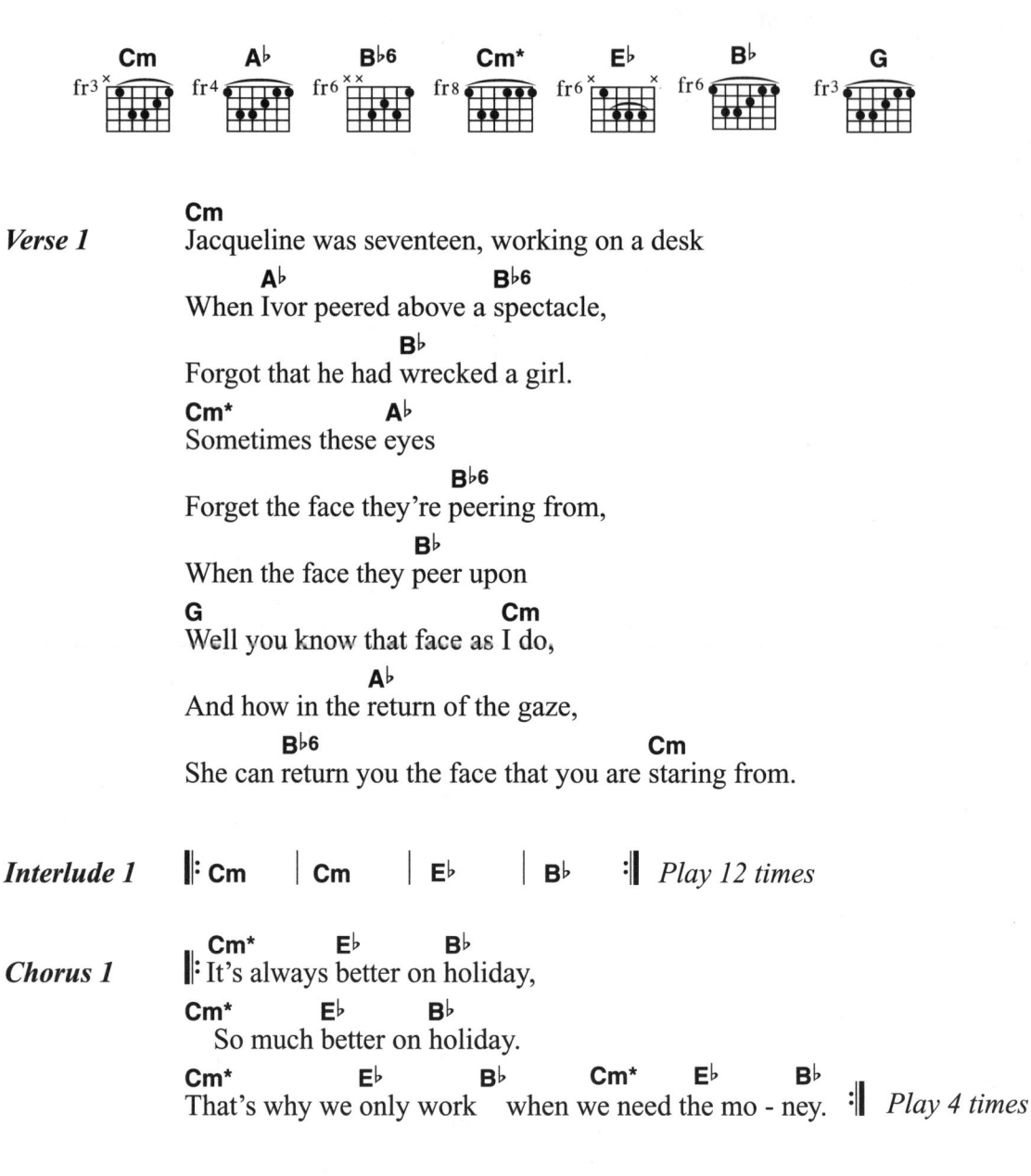

Verse 1

    Cm
Jacqueline was seventeen, working on a desk
    A♭   **B♭6**
When Ivor peered above a spectacle,
              B♭
Forgot that he had wrecked a girl.
Cm*   **A♭**
Sometimes these eyes
            B♭6
Forget the face they're peering from,
          B♭
When the face they peer upon
G   **Cm**
Well you know that face as I do,
          A♭
And how in the return of the gaze,
B♭6   **Cm**
She can return you the face that you are staring from.

Interlude 1   ‖: **Cm** | **Cm** | **E♭** | **B♭** :‖ *Play 12 times*

Chorus 1

  Cm*   **E♭**   **B♭**
‖: It's always better on holiday,
Cm*   **E♭**   **B♭**
So much better on holiday.
Cm*   **E♭**   **B♭**   **Cm***   **E♭**   **B♭**
That's why we only work   when we need the mo - ney. :‖ *Play 4 times*

© Copyright 2004 Universal Music Publishing Limited.
All Rights Reserved. International Copyright Secured.

Verse 2

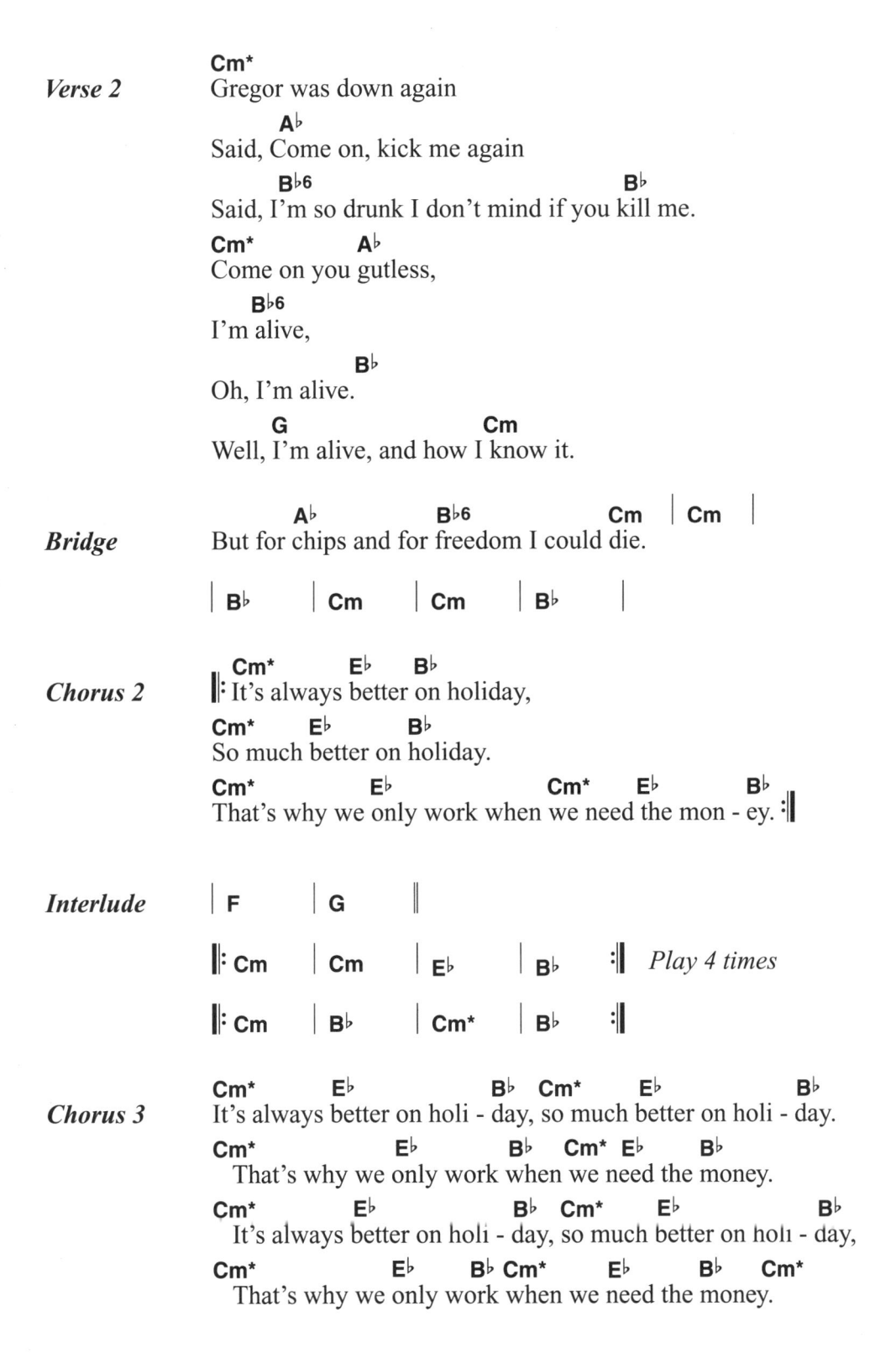

Cm*
Gregor was down again
      A♭
Said, Come on, kick me again
     B♭6   **B♭**
Said, I'm so drunk I don't mind if you kill me.
Cm*   **A♭**
Come on you gutless,
   B♭6
I'm alive,
      B♭
Oh, I'm alive.
     G   **Cm**
Well, I'm alive, and how I know it.

Bridge

      A♭   **B♭6**   **Cm** | **Cm** |
But for chips and for freedom I could die.

| **B♭** | **Cm** | **Cm** | **B♭** |

Chorus 2

  Cm*   **E♭** **B♭**
‖: It's always better on holiday,
Cm*   **E♭** **B♭**
So much better on holiday.
Cm*   **E♭**   **Cm*** **E♭**   **B♭**
That's why we only work when we need the mon - ey. :‖

Interlude

| **F** | **G** ‖

‖: **Cm** | **Cm** | **E♭** | **B♭** :‖ *Play 4 times*

‖: **Cm** | **B♭** | **Cm*** | **B♭** :‖

Chorus 3

Cm*   **E♭**   **B♭** **Cm***   **E♭**   **B♭**
It's always better on holi - day, so much better on holi - day.
Cm*   **E♭**   **B♭** **Cm*** **E♭** **B♭**
That's why we only work when we need the money.
Cm*   **E♭**   **B♭** **Cm* E♭**   **B♭**
It's always better on holi - day, so much better on holi - day,
Cm*   **E♭** **B♭ Cm***   **E♭**   **B♭**   **Cm***
That's why we only work when we need the money.

Michael

Words & Music by
Alexander Kapranos & Nicholas McCarthy

Intro

|: F# | F# | F# | F# :| *Play 3 times*

|: F# | G# | E | F# E :|

Verse 1

F#   G#
This is where I'll be so heavenly,
E   F#   E
So come and dance with me Michael.
F#   G#
  So sexy, I'm sexy,
E   F#   E
So come and dance with me Michael.
F#   G#
I'm all that you see, you wanna see,
E   F#   E
So come and dance with me Michael.
F#   G#
So close now, so close now.
E
So come and dance with me, so come and dance with me,

So come and dance with me.

Chorus 1

C#   A
   Michael, you're the boy with all the leather hips,
F#
Sticky hair, sticky hips, stubble on my sticky lips.
C#   A
Michael, you're the only one I'd ever want,
F#
Only one I'd ever want, only one I'd ever want.
C#   A
Beautiful boys on a beautiful dancefloor,

© Copyright 2004 Universal Music Publishing Limited.
All Rights Reserved. International Copyright Secured.

	F#
cont	Michael, you're dancing like a beautiful dance-whore.

C#   A   F
Michael waiting on a silver platter now,
F#
And nothing matters now.

Link   ‖: F# | G# | E | F#   E :‖ *Play 3 times*

Verse 2

F#   G#
This is what I am,   I am a man,
E   F#
So come and dance with me Michael.
F#   G#
  So strong now,   it's strong now,
E   F#   E
  So come and dance with me Michael.
F#   G#
I'm all that you see,   you wanna see,
E   F#   E
So come and dance with me Michael.
F#   G#
So close now, it's close now.
E
So come and dance with me, so come and dance with me,

So come and dance with me.

Chorus 2

C#   A
Michael, you're the boy with all the leather hips,
F#
Sticky hair, sticky hips, stubble on my sticky lips.
C#   A
Michael, you're the only one I'd ever want,
F#
Only one I'd ever want, only one I'd ever want,
C#   A
Beautiful boys on a beautiful dancefloor,
F#
Michael, you're dancing like a beautiful dance-whore.
C#   A   F
Michael waiting on a silver platter now,
F#
And nothing matters now,

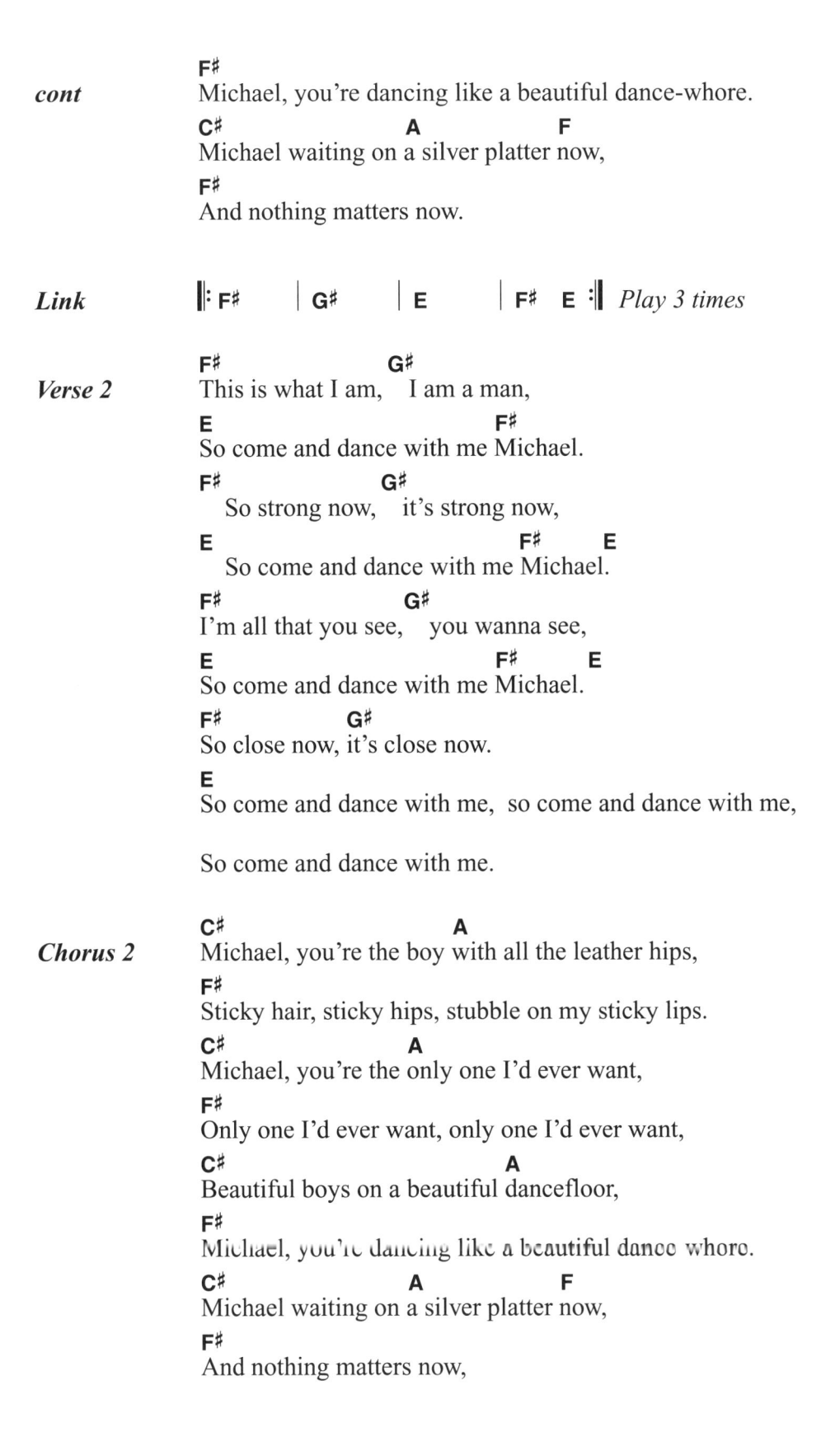

Link 2　　　‖: F#　| G#　| E　| F# :‖

　　　　　　| F#　| G#　| E　| E ‖

Chorus 3
　　　　　C#　　　　　　A
　　　　　Michael you're the only one I'd ever want,
　　　　　F#
　　　　　Only one I'd ever want, only one I'd ever want.
　　　　　C#　　　　　　A
　　　　　Michael, you're the only one I'd ever want,
　　　　　F#
　　　　　Only one I'd ever want, only one I'd ever want.
　　　　　C#　　　　　　A
　　　　　Beautiful boys on a beautiful dancefloor,
　　　　　F#
　　　　　Michael, you're dancing like a beautiful dance-whore.
　　　　　C#　　　　　　A
　　　　　Michael waiting on a silver platter now,
　　　　　F#　　　　　　　　　　　　　　　　　　C#
　　　　　Nothing matters now, nothing matters now, oh yeah.

Outsiders

Words & Music by
Alexander Kapranos, Nicholas McCarthy, Robert Hardy & Paul Thomson

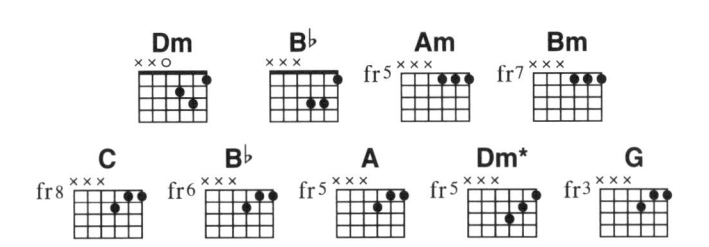

[Chord diagrams: Dm, B♭, Am, Bm, C, B♭, A, Dm*, G]

Intro

‖: Dm | Dm | B♭ | B♭ :‖

| Dm | Dm | Dm | Dm |

| B♭ | B♭ | Dm | Dm |

| Dm | Dm | B♭ | B♭ |

| B♭ | B♭ | Dm ‖

Verse 1

Dm
We've seen some change

But we're still outsiders,

If everybody's here

Then hell knows
      B♭
We ride a - lone.

Dm
I've seen some years

But you're still my Caesar,

With everything I feel,
                 B♭
I feel you've already been here. Oh, oh.
   (B♭)
The only difference is all I see is now all that I've seen.

© Copyright 2005 Universal Music Publishing Limited.
All Rights Reserved. International Copyright Secured.

Chorus 1

    Am
It's bright on the outside,

The bright love the dark side
  Bm   **Am**
I know it's ob - vious

But sometimes
                  Bm
You just have to say it so.
Dm   **C**
You don't feel so weak
    B♭*
About being such a freak,
    A
Or a - lone.

Verse 2

     Dm
In seventeen years

Will you still be Camille,

Lee Miller, Gala or whatever,
                     B♭*
You know what I mean, yeah. Oh, oh,
Dm
Love'll die,

Lovers fade

But you still remain there.

Squeezing in your fingers
                 B♭*
What it means for me to be, yeah. Oh, oh.
  (B♭)   **Dm**
The only difference is what might be is now what might have been.

Verse 3

```
        Dm*                     Am
When you saw me sleeping,
                     G           Am
You thought I was dreaming of you.
Dm               Am
No, I didn't tell you
             G
That the only dream
                Dm     | Dm    |
Is Valium for me.
```

Link

| B♭ | B♭ | Dm | Dm | B♭ | B♭ ||

Verse 4

Dm
I've seen some years but you're still my Caesar,

With everything I feel, I feel you've already been here.
B♭
Oh, oh.
Dm
Love'll die, lovers fade, but you still remain there.
                                                        B♭
Squeezing in your fingers what it means for me to be, yeah. Oh, oh.

The only difference is what Might Be Is NOW.

Outro

| N.C. | N.C. | Dm | Dm |

| Dm | Dm | B♭ | B♭ | Dm ||

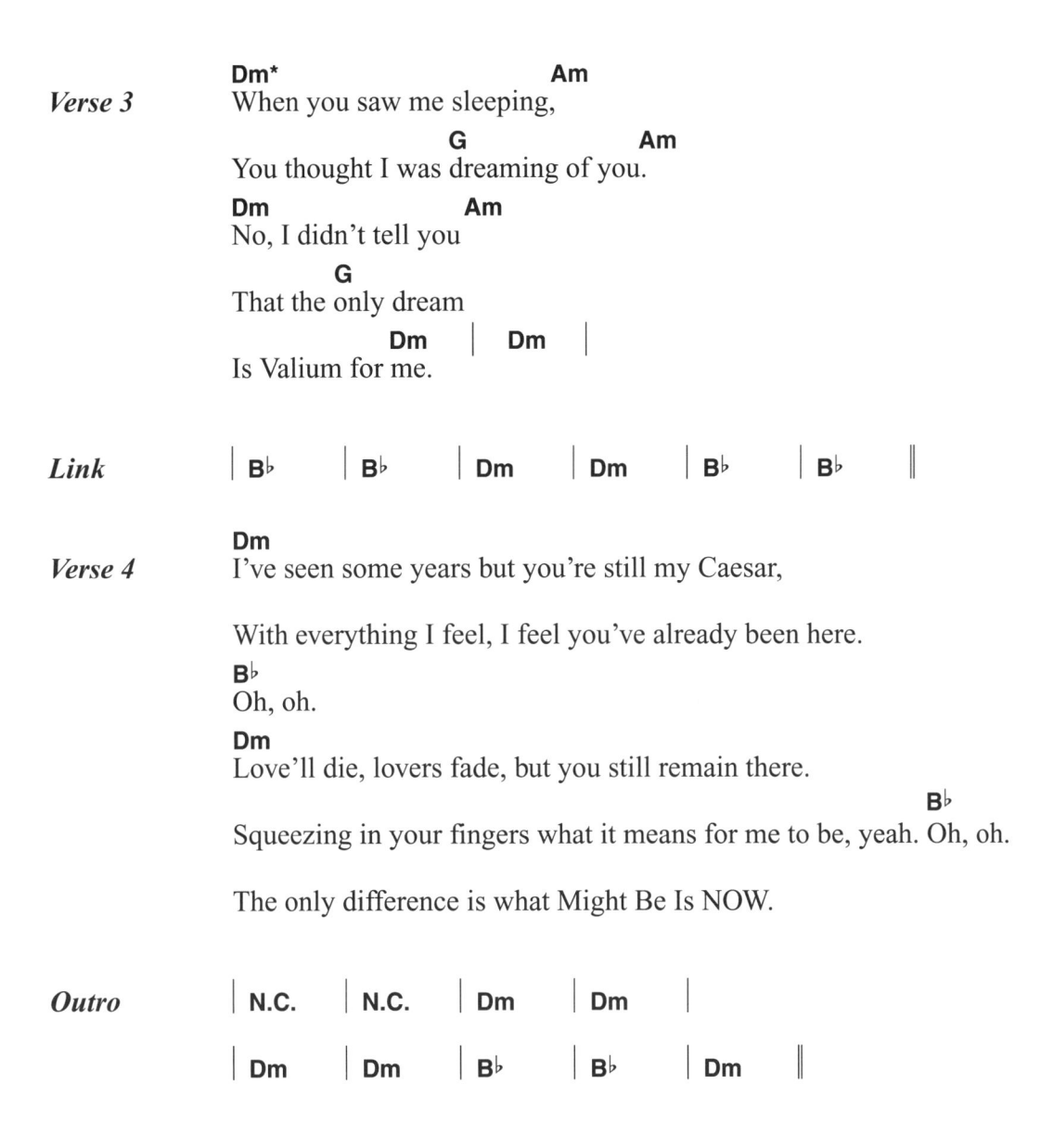

Take Me Out

Words & Music by
Alexander Kapranos & Nicholas McCarthy

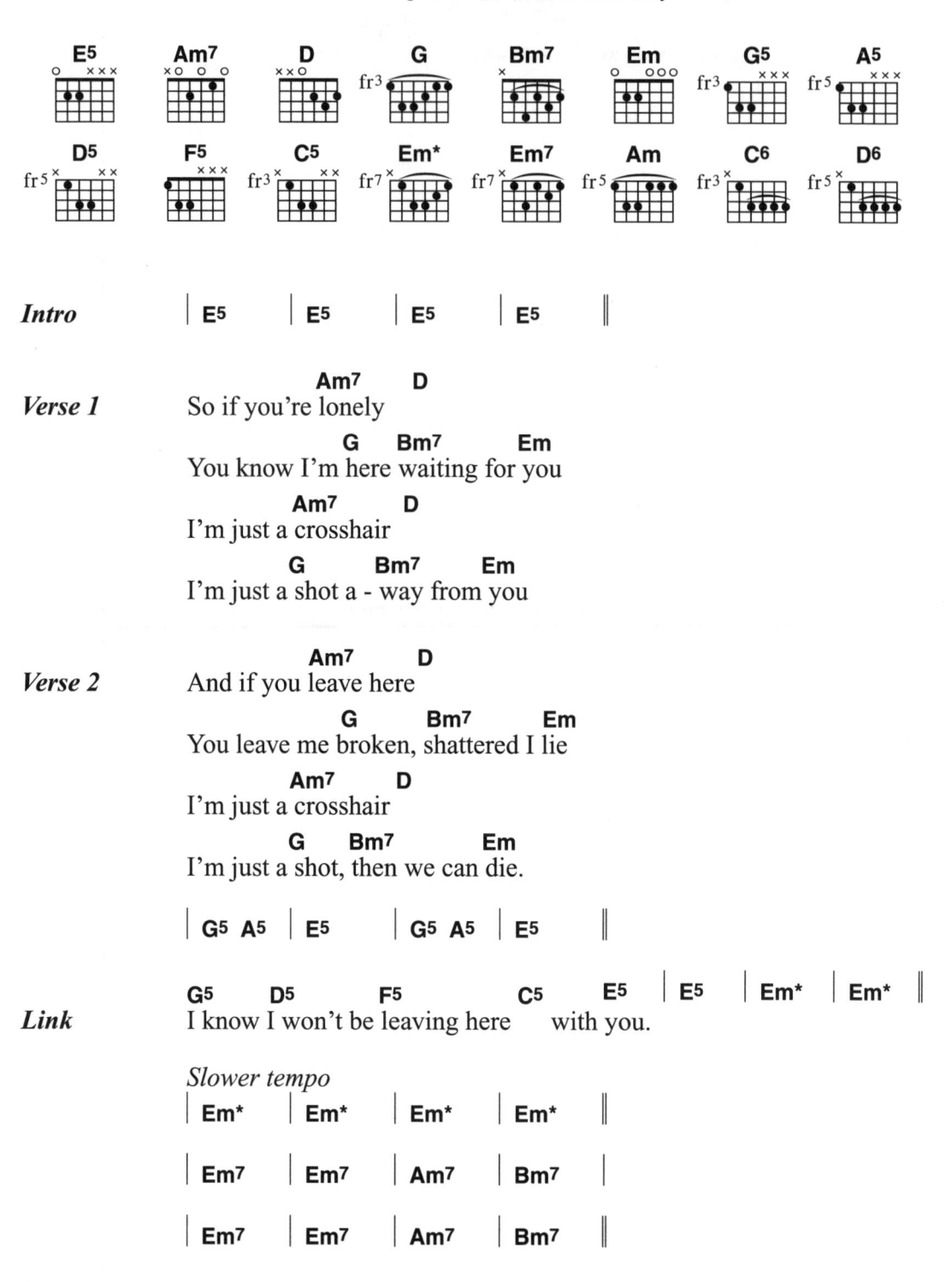

[Chord diagrams: E5, Am7, D, G, Bm7, Em, G5, A5, D5, F5, C5, Em*, Em7, Am, C6, D6]

Intro | E5 | E5 | E5 | E5 ||

Verse 1
              Am7   D
So if you're lonely
              G   Bm7   Em
You know I'm here waiting for you
          Am7   D
I'm just a crosshair
         G   Bm7   Em
I'm just a shot a - way from you

Verse 2
            Am7   D
And if you leave here
           G   Bm7   Em
You leave me broken, shattered I lie
          Am7   D
I'm just a crosshair
         G   Bm7   Em
I'm just a shot, then we can die.

| G5 A5 | E5 | G5 A5 | E5 ||

Link
  G5   D5   F5   C5   E5 | E5 | Em* | Em* ||
I know I won't be leaving here   with you.

Slower tempo

Em*	Em*	Em*	Em*	
Em7	Em7	Am7	Bm7
Em7	Em7	Am7	Bm7	

© Copyright 2004 Universal Music Publishing Limited.
All Rights Reserved. International Copyright Secured.

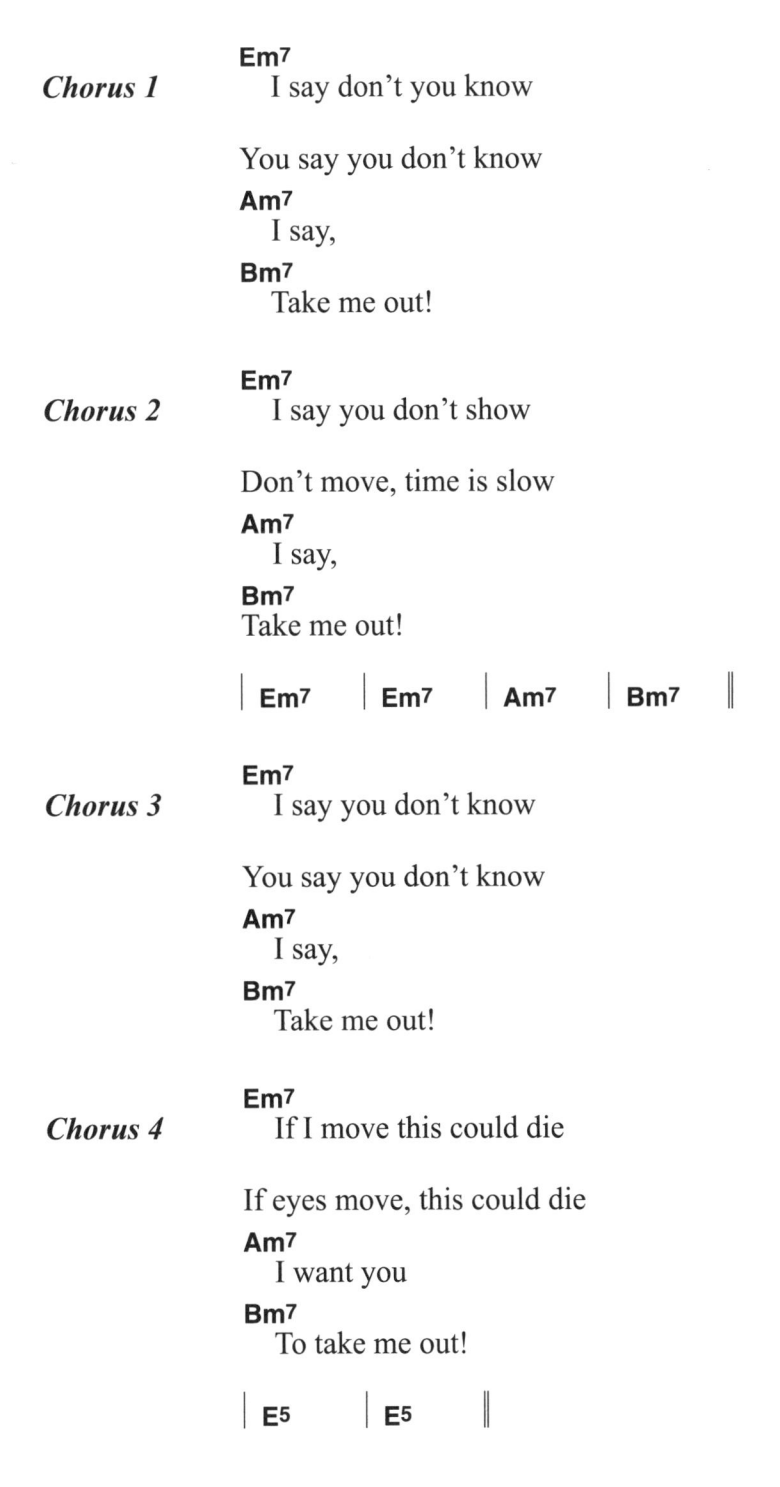

Chorus 1

Em7
   I say don't you know

You say you don't know
Am7
   I say,
Bm7
   Take me out!

Chorus 2

Em7
   I say you don't show

Don't move, time is slow
Am7
   I say,
Bm7
Take me out!

| **Em7** | **Em7** | **Am7** | **Bm7** ‖

Chorus 3

Em7
   I say you don't know

You say you don't know
Am7
   I say,
Bm7
   Take me out!

Chorus 4

Em7
   If I move this could die

If eyes move, this could die
Am7
   I want you
Bm7
   To take me out!

| **E5** | **E5** ‖

	Am C6 D6
Bridge 1	I know I won't be leaving here (with you)

                Am   C6   D6
Oh, I know I won't be leaving here

      Am   C6   D6
I know I won't be leaving here   (with you)

      Am   C6   D6   Em7 | Em7 | Am7 | Bm7 ‖
I know I won't be leaving here   with you.

Chorus 5

    Em7
      I say don't you know

You say you don't know

Am7
  I say,

Bm7
  Take me out!

Chorus 6

    Em7
      If I wane, this could die

If I wait, this could die

Am7
   I want you

Bm7
  To take me out!

Chorus 7

    Em7
      If I move this could die

If eyes move, this can die

Am7
C'mon,

Bm7   N.C.
        Take me out!

    | Em* | Em* | Am7 | Bm7 | E5 | E5 ‖

Bridge 2

    Am   C6   D6
I know I won't be leaving here   (with you)

        Am   C6   D6
Oh, I know I won't be leaving here

  Am   C6   D6
I know I won't be leaving here   (with you)

  Am   C6   D6   Em* | Em* | Em* | Em* ‖
I know I won't be leaving here   with you.

This Boy

**Words & Music by
Alexander Kapranos, Nicholas McCarthy, Robert Hardy, & Paul Thomson**

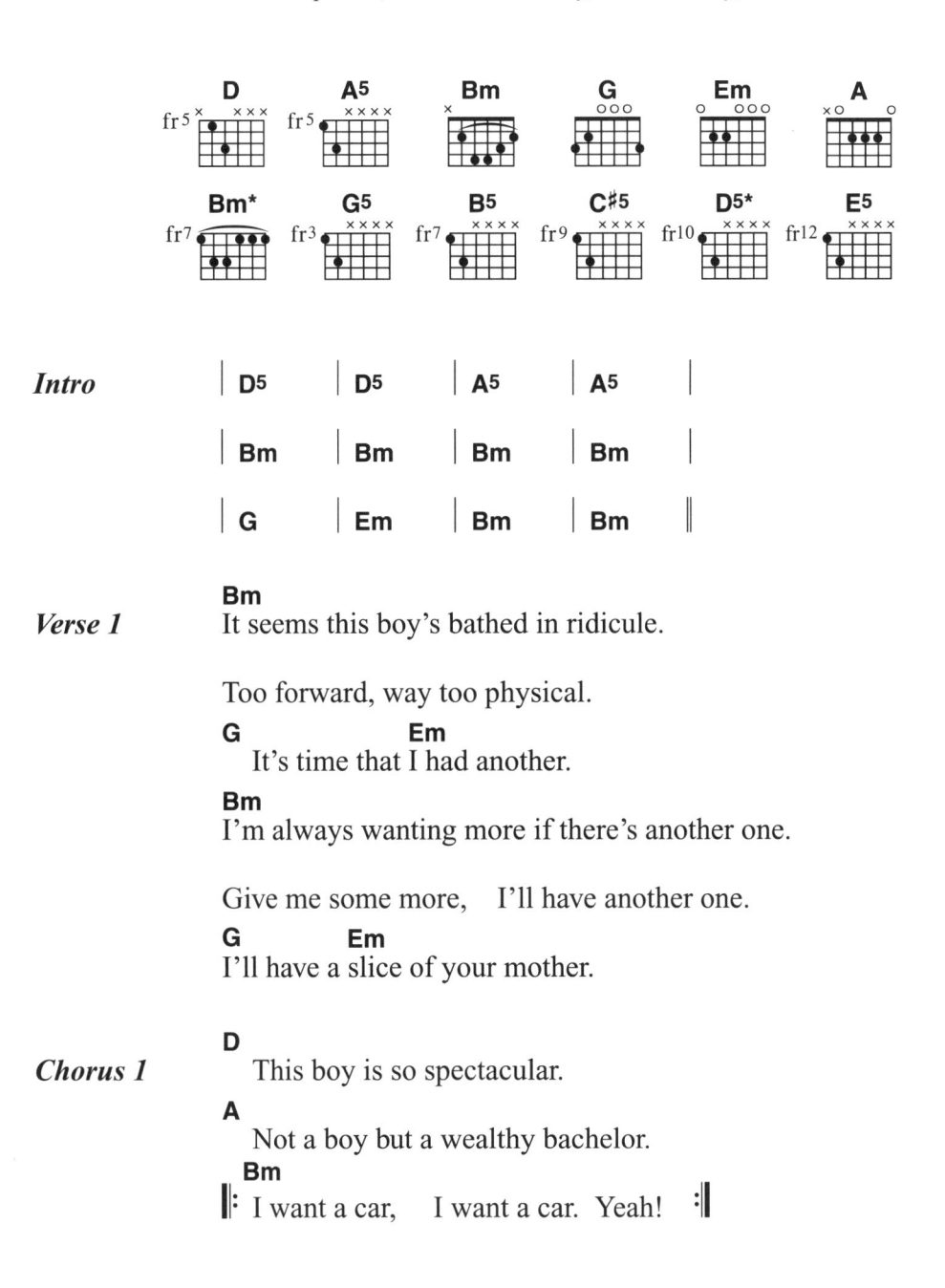

Intro

D5	D5	A5	A5
Bm	Bm	Bm	Bm
G	Em	Bm	Bm	

Verse 1

Bm
It seems this boy's bathed in ridicule.

Too forward, way too physical.
G   Em
  It's time that I had another.
Bm
I'm always wanting more if there's another one.

Give me some more,   I'll have another one.
G   Em
I'll have a slice of your mother.

Chorus 1

D
   This boy is so spectacular.
A
  Not a boy but a wealthy bachelor.
Bm
||: I want a car,   I want a car. Yeah! :||

© Copyright 2005 Universal Music Publishing Limited.
All Rights Reserved. International Copyright Secured.

Verse 2

Bm
   I see losers losing everywhere.
                                G   **Em**
If I lose it'll only be the damn   I give for another.
Bm
   I am complete, invincible.

If I have one set principle
G   **Em**
   Then it's to stand on You, brother.

Chorus 2

  D
This boy is so spectacular,
A
Not a boy but a wealthy bachelor.
   Bm
𝄆 I want a car, I want a car. Yeah! 𝄇

Bridge

  G5   **A5**
I wanna, I wanna, I wanna, I wanna
B5
I wanna, wanna, wanna
C♯5
Wanna, wanna, wanna, wanna
D5*
Wanna, wanna, wanna, wanna
E5
Wanna, wanna, wanna, wanna
Bm
I want a car, want a car, yeah!

I want a car, want a car, yeah!

Verse 3

Bm*
If I like cocaine, I'm racing you

For organic, fresh Echinacia.
G   **Em**
   One kick's as good as another.
Bm*
   If tired, I'm tired of telling you.
                                G   **E**
I'm never tired, I'm always better than you.

Chorus 3   **D**
This boy is so spectacular,
A
Not a boy but a wealthy bachelor.
D
Oh, yes, I am spectacular,
A
Not a boy but a wealthy bachelor.
Bm
I want a car, I want a car, yeah!

I want a car, I want a car uh uh.

I want a car, I want a car, yeah!

I want a car, I want, I want, I want, I want, I want.

Tell Her Tonight

Words & Music by
Alexander Kapranos & Nicholas McCarthy

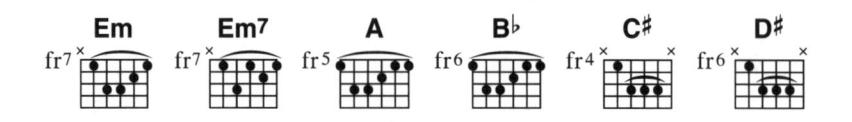

```
    Em        Em7        A         B♭        C#        D#
   fr7       fr7        fr5       fr6       fr4       fr6
```

Intro | Em | Em | Em | Em ||

Verse 1
    Em7   Em
I only watched her walk but she saw it,
    Em7   Em
I only heard her talk but she saw it.
    Em7   Em
I only touched her hips but she saw it,
    Em7   Em
I only kissed her lips but she saw it.

Chorus 1
    A
‖: Gonna have to tell her tonight. :‖ *Play 4 times*

Verse 2
    Em7   Em
She only blinked her eyes but I saw it,
    Em7   Em
She only swung her hair but I saw it.
    Em7   Em
She only shook her hips but I saw it,
    Em7   Em
She only licked her lips but I saw it.

Chorus 2
    A
‖: Gonna have to tell her tonight. :‖ *Play 4 times*

© Copyright 2004 Universal Music Publishing Limited.
All Rights Reserved. International Copyright Secured.

Bridge

    G
Hey, have to tell her,

You tell her tonight, yeah.
B♭
You'll have to tell her,

You tell her tonight, yeah.
G
Have to tell her, you tell her tonight, yeah.
B♭   **Em** | **Em** |
  Have to tell her, you tell her tonight, oh yeah.

Verse 3

Em7   **Em**
I only watched her walk but she saw it,
Em7   **Em**
I only heard her talk but she saw it.
Em7   **Em**
I only touched her hips but she saw it,
Em7   **Em**
I only kissed her lips but she saw it.

Chorus 3

    A
‖: Gonna have to tell her tonight. :‖ *Play 4 times*

Outro

G
Hey, have to tell her,

You tell her tonight, yeah.
B♭
  Have to tell her, you tell her tonight, yeah.
C♯   **D**
  Have to tell her, you tell her tonight, oh yeah.

This Fire

Words & Music by
Alexander Kapranos & Nicholas McCarthy

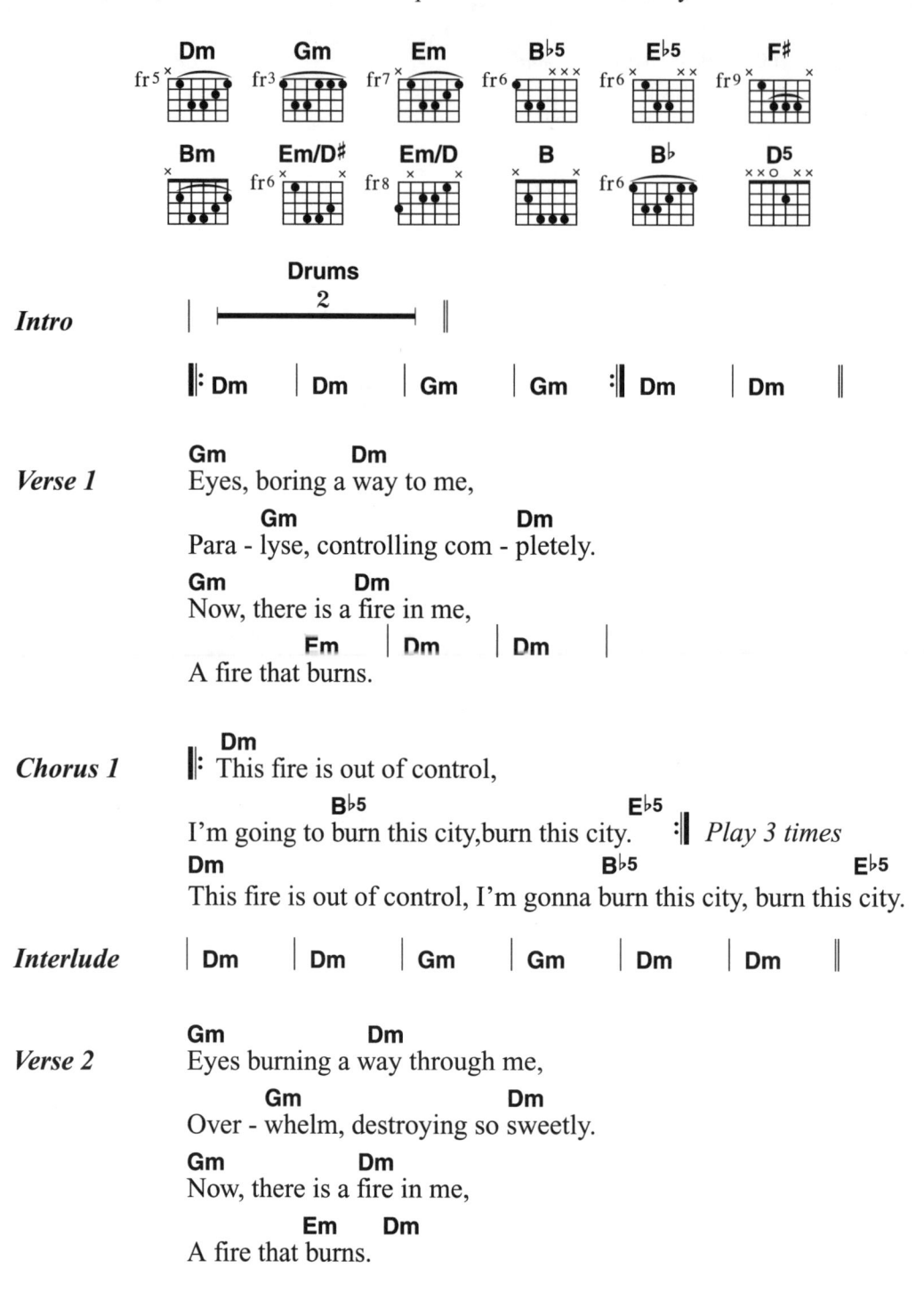

[Chord diagrams: Dm (fr5), Gm (fr3), Em (fr7), Bb5 (fr6), Eb5 (fr6), F# (fr9), Bm, Em/D# (fr6), Em/D (fr8), B, Bb (fr6), D5]

Intro | Drums 2 measures |

 ||: Dm | Dm | Gm | Gm :|| Dm | Dm ||

Verse 1
    Gm   Dm
Eyes, boring a way to me,
    Gm   Dm
Para - lyse, controlling com - pletely.
    Gm   Dm
Now, there is a fire in me,
          Fm | Dm | Dm |
A fire that burns.

Chorus 1
           Dm
||: This fire is out of control,
         Bb5   Eb5
I'm going to burn this city, burn this city. :|| *Play 3 times*
  Dm   Bb5   Eb5
This fire is out of control, I'm gonna burn this city, burn this city.

Interlude | Dm | Dm | Gm | Gm | Dm | Dm ||

Verse 2
    Gm   Dm
Eyes burning a way through me,
         Gm   Dm
Over - whelm, destroying so sweetly.
    Gm   Dm
Now, there is a fire in me,
          Em   Dm
A fire that burns.

© Copyright 2004 Universal Music Publishing Limited.
All Rights Reserved. International Copyright Secured.

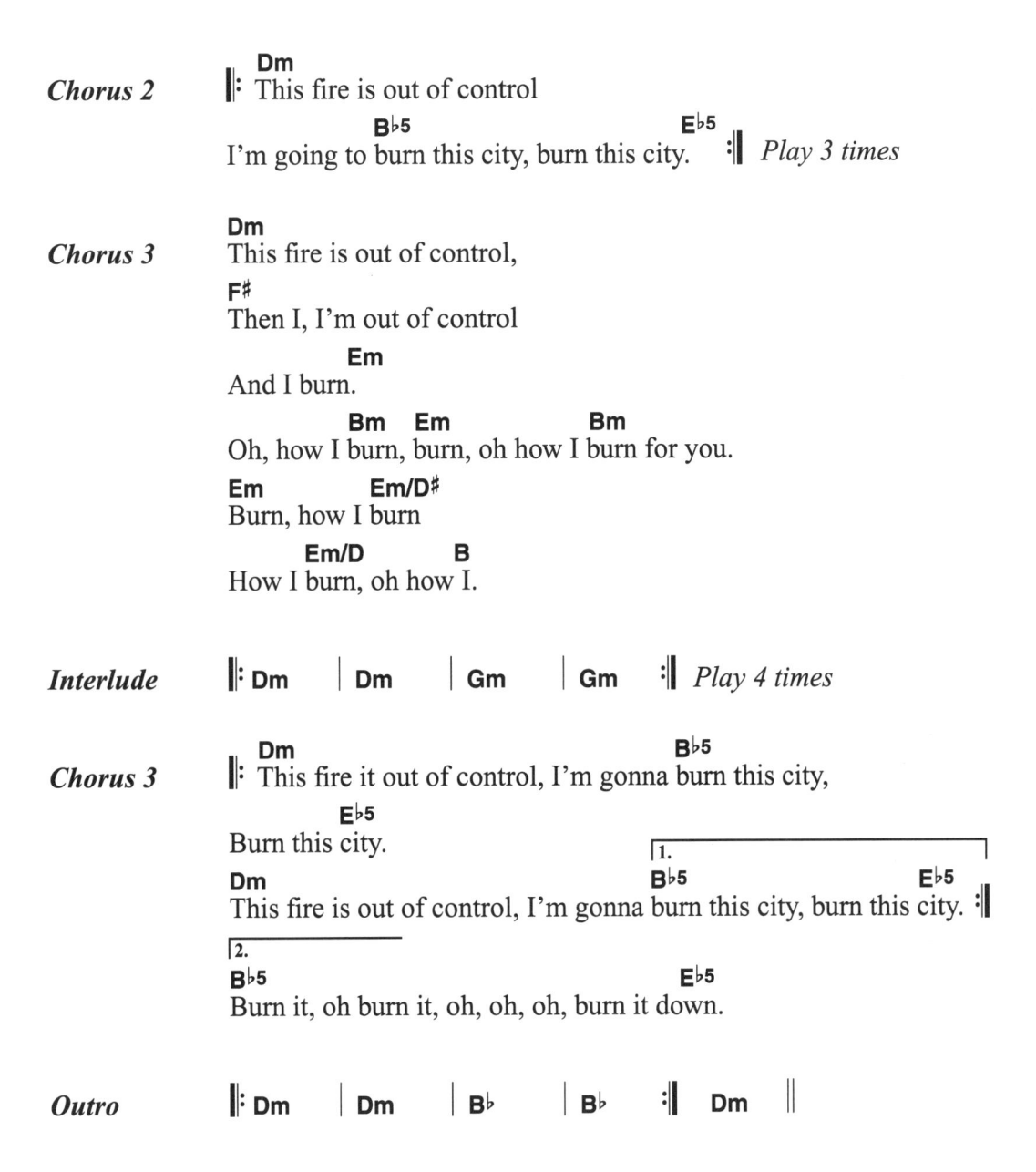

Chorus 2

Dm
‖: This fire is out of control
    B♭5   E♭5
I'm going to burn this city, burn this city. :‖ *Play 3 times*

Chorus 3

Dm
This fire is out of control,

F♯
Then I, I'm out of control

     Em
And I burn.

    Bm Em   Bm
Oh, how I burn, burn, oh how I burn for you.

Em   Em/D♯
Burn, how I burn

   Em/D   B
How I burn, oh how I.

Interlude ‖: Dm | Dm | Gm | Gm :‖ *Play 4 times*

Chorus 3

  Dm   B♭5
‖: This fire it out of control, I'm gonna burn this city,

  E♭5
Burn this city. |1.

Dm   B♭5   E♭5
This fire is out of control, I'm gonna burn this city, burn this city. :‖

|2.
B♭5   E♭5
Burn it, oh burn it, oh, oh, oh, burn it down.

Outro ‖: Dm | Dm | B♭ | B♭ :‖ Dm ‖

Walk Away

**Words & Music by
Alexander Kapranos, Nicholas McCarthy, Robert Hardy & Paul Thomson**

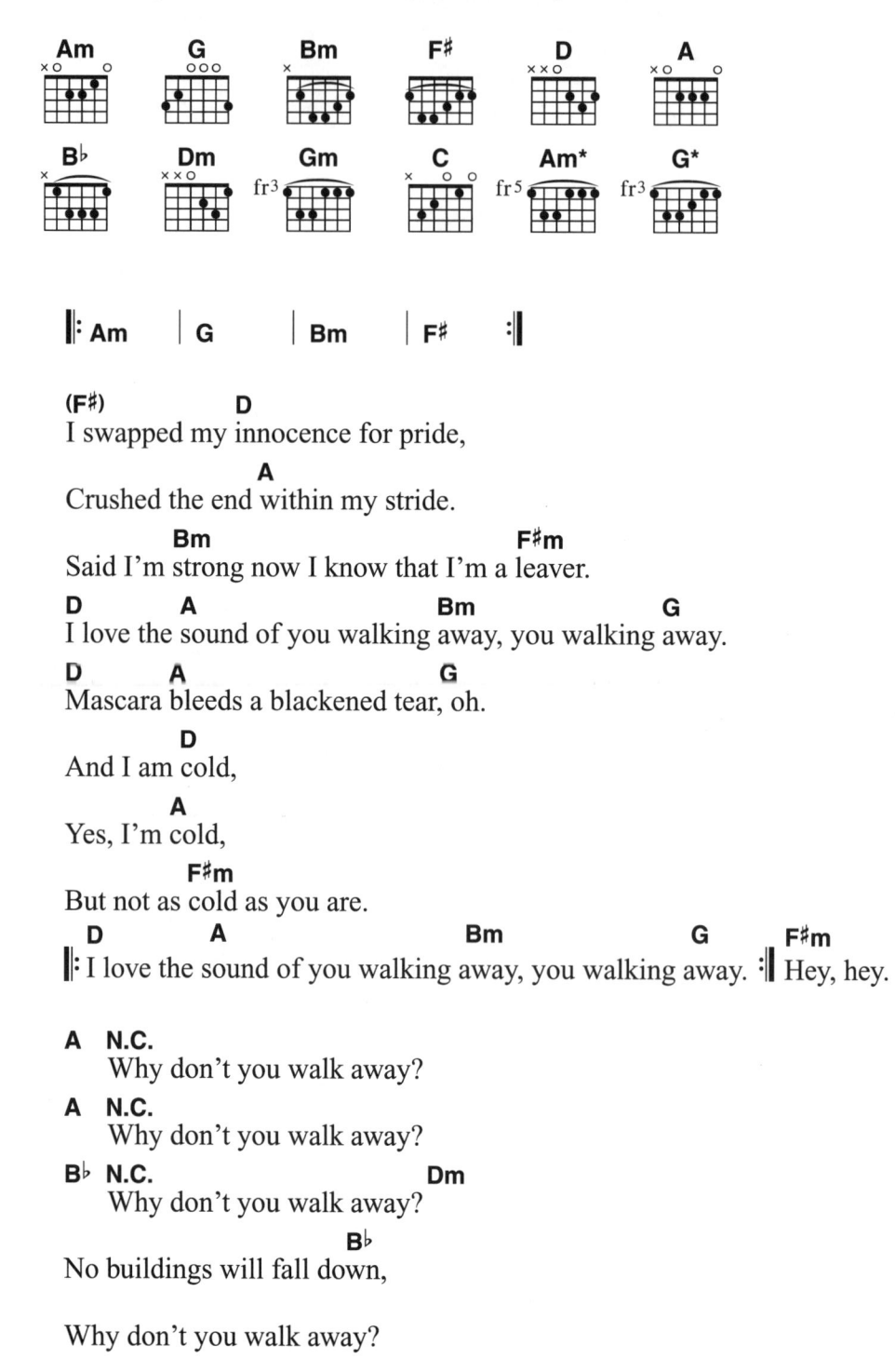

Am G Bm F# D A
B♭ Dm Gm C Am* G*

Intro   ‖: Am | G | Bm | F# :‖

Verse 1

      (F#)   D
I swapped my innocence for pride,
              A
Crushed the end within my stride.
         Bm   F#m
Said I'm strong now I know that I'm a leaver.
 D   A   Bm   G
I love the sound of you walking away, you walking away.
 D   A   G
Mascara bleeds a blackened tear, oh.
          D
And I am cold,
       A
Yes, I'm cold,
          F#m
But not as cold as you are.
   D   A   Bm   G   F#m
‖: I love the sound of you walking away, you walking away. :‖ Hey, hey.

Chorus 2

 A N.C.
Why don't you walk away?
 A N.C.
Why don't you walk away?
 B♭ N.C.   Dm
Why don't you walk away?
                      B♭
No buildings will fall down,

Why don't you walk away?

© Copyright 2005 Universal Music Publishing Limited.
All Rights Reserved. International Copyright Secured.

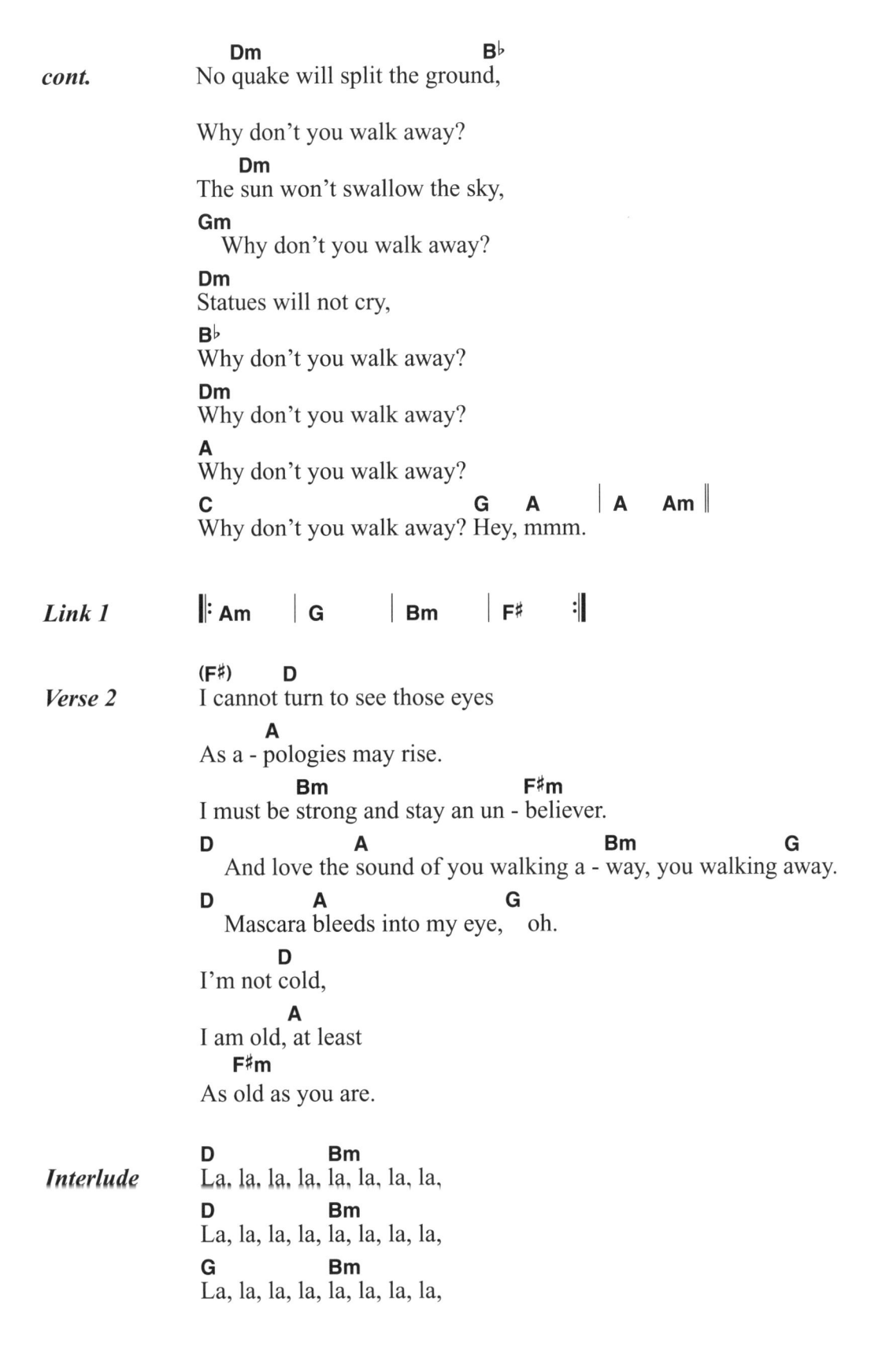

cont.

      Dm   **B♭**
No quake will split the ground,

Why don't you walk away?
    Dm
The sun won't swallow the sky,
Gm
  Why don't you walk away?
Dm
Statues will not cry,
B♭
Why don't you walk away?
Dm
Why don't you walk away?
A
Why don't you walk away?
C   **G**   **A** | **A**   **Am** ‖
Why don't you walk away? Hey, mmm.

Link 1   ‖: **Am** | **G** | **Bm** | **F♯**   :‖

Verse 2

(**F♯**)   **D**
I cannot turn to see those eyes
     A
As a - pologies may rise.
      Bm   **F♯m**
I must be strong and stay an un - believer.
D   **A**   **Bm**   **G**
  And love the sound of you walking a - way, you walking away.
D   **A**   **G**
  Mascara bleeds into my eye, oh.
     D
I'm not cold,
   A
I am old, at least
   F♯m
As old as you are.

Interlude

D   **Bm**
La, la, la, la, la, la, la, la,
D   **Bm**
La, la, la, la, la, la, la, la,
G   **Bm**
La, la, la, la, la, la, la, la,

cont.
      F♯m
      La, la
      A N.C.
          And as you walk away
      A N.C.
         Or as you walk away
      B♭ N.C.   **Dm**
      Or as you walk away,

Chorus 2
                   B♭
      My headstone crumbles down.

      As you walk away
      Dm   **B♭**
      The Hollywood wind's a howl.

      As you walk away
      Dm
      The Kremlin's falling.
      Gm
        As you walk away,
      Dm   **B♭**
      Radio Four is STA - TIC.

      As you walk away,
      Dm
      Oh as you walk away.
      A
      Oh, as you walk away,
      C   **G** **Am** | **Am** ||
      Oh, as you walk away. Hey, mm

Outro
              G
      The stab of stiletto
         Bm   **F♯**
      On a silent night.
      Am*
        Stalin Smiles,
      G*
      Hitler laughs,
      Bm
      Churchill claps
           F♯
      Mao Tse Tung

      On the back.

Well That Was Easy

Words & Music by
Alexander Kapranos, Nicholas McCarthy, Robert Hardy & Paul Thomson

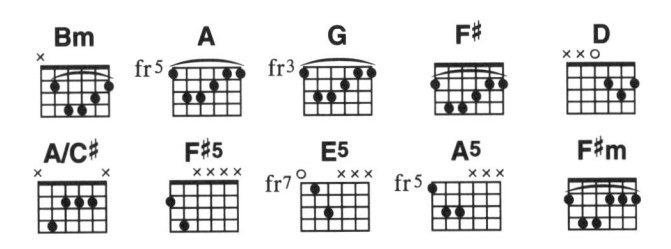

Verse 1

Bm
   Well, that was easy waiting
A
Everything's easy now.
G   **F#**
   Oh, and the days are Oh So Normal.
Bm
But oh, Hannah how I miss you now.
A
   Oh Hannah, how I miss you.
G   **F#**
   Oh Hannah, how I miss you now.

Chorus 1

Nana, Nana,
  D
‖: Now. Nana now.
  A/C#   **F#5**   **A5** **F#5**   **A5**
  Nana Nana. Now.   Now, now. :‖

Bridge

G   **D**
I used to lock myself in your bathroom,
Bm   **F#5**
Swallowing the codeine kept for your back.
G   **Bm**
Numb, so numb,
           D
I'd let your words.
           A   **F#m** **G** | **F#m** |
Come and come. Eeuuw.

© Copyright 2005 Universal Music Publishing Limited.
All Rights Reserved. International Copyright Secured.

Cont.

    D   **A**
So come on, come on, come on.
F#5
Kill me now,

Kill me now,

Kill me now.

'Cos I'm leaving you now.

Verse 2

Bm
That was easy, but how I miss you.
A
That was easy but I still miss you.
G   **F#**
That was easy how I miss you now.
D
Now, nana, nana, now.
A/C#   **F#5**   **A5**
  Nana, nana, now, now.
F#5   **A5**
Now, now, now.
D   **A/C#**
Now, nana, now.
        F#5
Nana, nana, now.

Bridge 2

G   **D**
I watched you clean the filth off your phone dial,
Bm   **F#**
  Swallowing the things your finger picked up.
G   **Bm**
Tongue, your tongue,
           D   **A**
I watched your tongue licking on.
F#m | **G** | **F#m** |
Eeuuw.
    D
So come,
       A
Come on tongue,

Ah, come on.

Cont.

    F♯5
Kill me now,

Kill me now,

Kill me now.

'Cos I'm leaving you now.

Verse 3

  Bm
‖: That was easy, but how I miss you.
A
That was easy, oh how I miss you.
G   **F♯**
That was easy, how I miss you now. :‖ *Play 3 times*

Outro

  Bm
‖: Doo, doo, doo, doo, doo, doo, doo.
A
Doo, doo, doo, doo, doo, doo, doo.
G
Doo, doo, doo, doo, doo, doo, doo.
F♯   **Bm**
Doo, doo, doo. :‖ Doo.

What You Meant

Words & Music by
Alexander Kapranos, Nicholas McCarthy, Robert Hardy & Paul Thomson

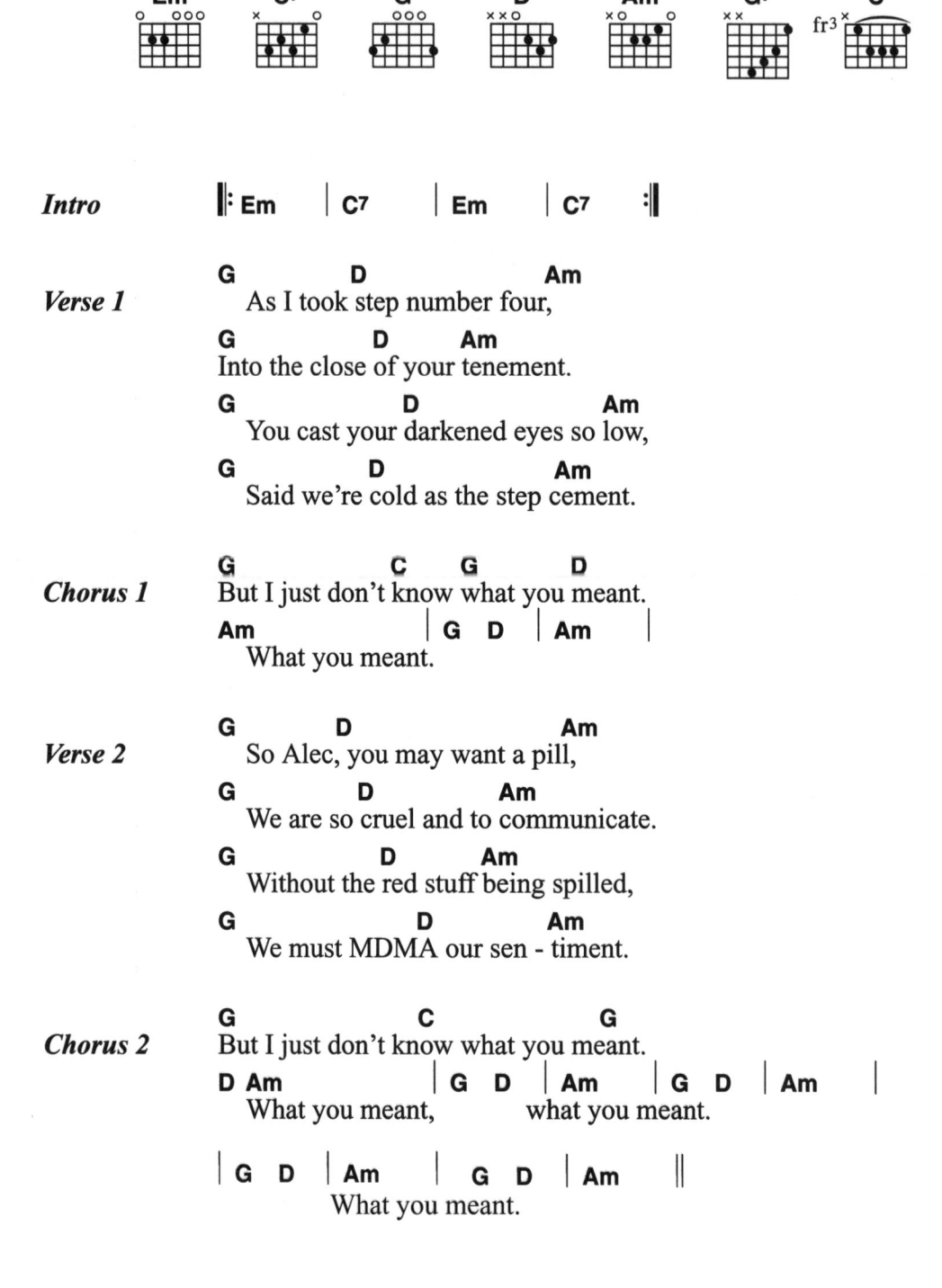

Em C7 G D Am G7 C

Intro ‖: Em | C7 | Em | C7 :‖

Verse 1
```
        G              D            Am
     As I took step number four,
        G              D      Am
     Into the close of your tenement.
        G              D               Am
     You cast your darkened eyes so low,
        G              D            Am
     Said we're cold as the step cement.
```

Chorus 1
```
        G            C    G       D
     But I just don't know what you meant.
     Am           | G  D | Am    |
     What you meant.
```

Verse 2
```
        G         D              Am
     So Alec, you may want a pill,
        G          D          Am
     We are so cruel and to communicate.
        G         D          Am
     Without the red stuff being spilled,
        G              D       Am
     We must MDMA our sen - timent.
```

Chorus 2
```
        G            C             G
     But I just don't know what you meant.
     D Am          | G  D | Am  | G  D | Am    |
     What you meant,      what you meant.
        | G  D | Am    | G  D | Am    ‖
            What you meant.
```

© Copyright 2005 Universal Music Publishing Limited.
All Rights Reserved. International Copyright Secured.

Verse 3

```
      G           D              Am
     If we were feckless we'd be fine,
      G           D         Am
     Sucking hard on our in - nocence.
      G             D            Am
     But we've been bright in our de - cline,
      G        D             Am
     Been left   as blackened fila - ment.
```

Chorus 3

```
      G              C
     But I just don't know what you meant.
      G7      C7   G7              C7
     Oh, I don't know, no I don't know.
```

Bridge

```
     Em                C7
      No, I don't know,   what did you mean?
     Em                C7
      No, I don't know,   what did you mean?
     Em                C7
      No, I don't know,   what did you mean?
     Em                C7
      No, I don't know, I've got to get away from,
                          G
     I've got to get away from you.
```

‖: G D | Am | G D | Am   :‖

Verse 4

```
      G          D             Am
     'Cos I feel blood inside the vein,
      G    D            Am
     I feel life inside the liga - ment.
      G       D         Am
     I feel a - live, yeah just the same,
      G          D             Am
      Same vigour and the same intent.
      G              C7           G
     So I just don't know if that's what you meant.
```

You Could Have It So Much Better

Words & Music by
Alexander Kapranos, Nicholas McCarthy, Robert Hardy & Paul Thomson

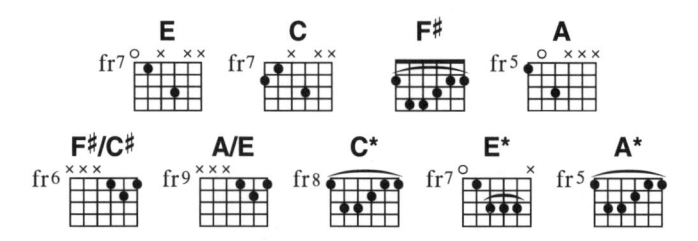

| E | C | F# | A |
| F#/C# | A/E | C* | E* | A* |

Verse 1

       E
The last message you sent
    C
Said I looked really down,
     F#
That I oughtta come over
A
And talk about it.
      E   C
Well I wasn't down,
 F#   A
I just wasn't smiling at you,   yeah.
    E   C
As I look at us now it seems,
              F#
Uh, that you're slapping my back
      A
As if it's alright,
    E
But it's not.
   C
I'm trying to get up
      F#
But you're pushing me down,
      A
Oh, yeah you're pushing me down.

© Copyright 2005 Universal Music Publishing Limited.
All Rights Reserved. International Copyright Secured.

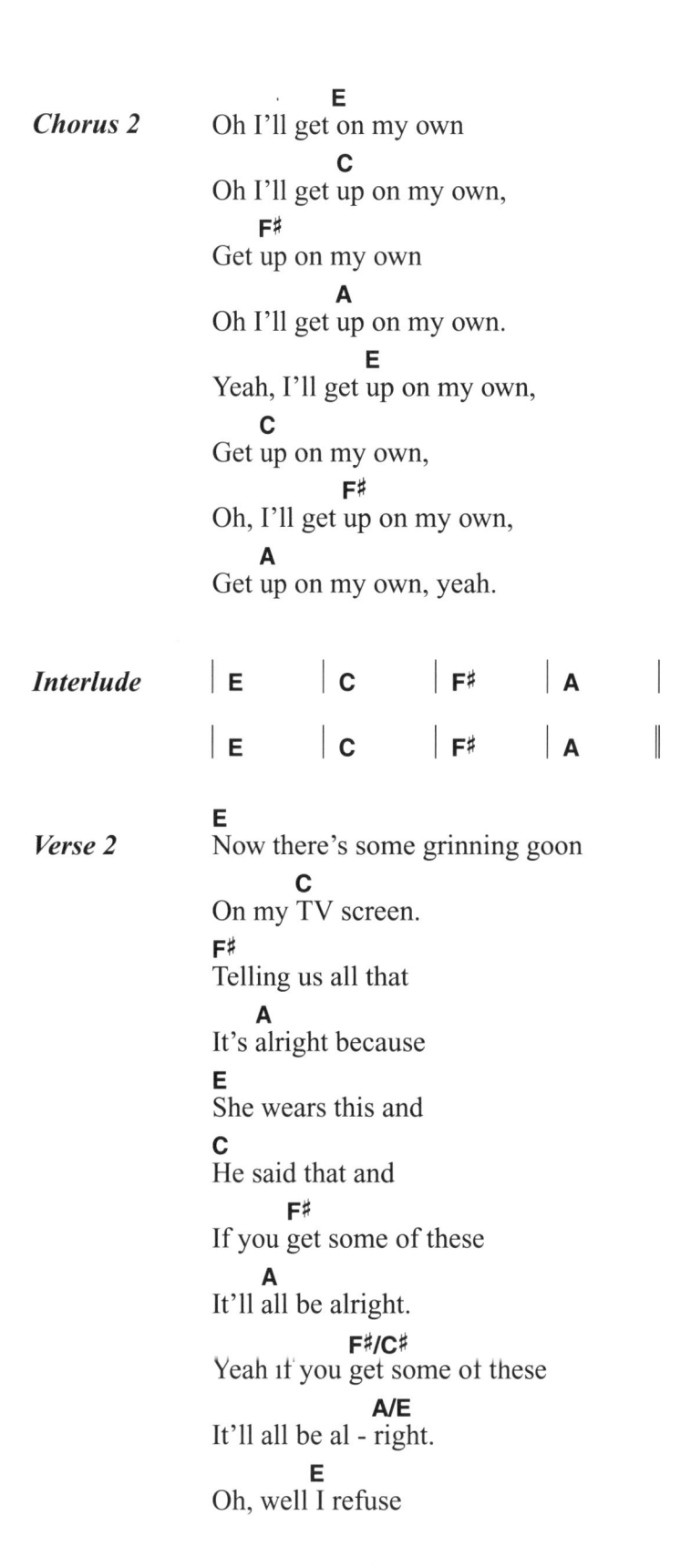

Chorus 2

     E
Oh I'll get on my own

       C
Oh I'll get up on my own,

   F#
Get up on my own

      A
Oh I'll get up on my own.

       E
Yeah, I'll get up on my own,

   C
Get up on my own,

     F#
Oh, I'll get up on my own,

   A
Get up on my own, yeah.

Interlude

| E | C | F# | A |

| E | C | F# | A ‖

Verse 2

E
Now there's some grinning goon

   C
On my TV screen.

F#
Telling us all that

  A
It's alright because

E
She wears this and

C
He said that and

   F#
If you get some of these

  A
It'll all be alright.

     F#/C#
Yeah if you get some of these

    A/E
It'll all be al - right.

    E
Oh, well I refuse

cont

      C
To be a cynical goon,
    F♯
Pass - ing the masses
  A
An easy answer.
      E
'Cos it won't be alright,
     C
Oh no it won't be alright,
 F♯
It won't be alright,
 A
It won't be alright
      E
Unless you get up, get up.
       C
Come on and get up, get up,
          F♯
Why don't you get up, get up.
     A
Come on, get up, get up
      E
So come on, get up, get up.
     C
Come on, get up, get up
     F♯
Unless you get up, get up
  A
So get up, get up, yeah that's right.

Bridge

C	C	E*	E*
			Yeah.
F♯	F♯ G G♯	A*	A*
			Alright.
‖: E	C	F♯	A :‖

Verse 3

     E   **C**
Well, I'm just a voice in your earpiece
F#
Telling you no,
     A
It's not alright.
     E   **C**
Oh, you know you could have it so much bet - ter.
F#   **A**
You could have it so much better
     E   **C**   **F#**   **A**   **A***
  If you tried,   if you tried,   if you tried,   if you tried. Whoo.

Chorus 3

E
So get up on your own.
         C
If you get up on your own.
    F#
Get up on your own,
          A
And you get up on your own, yeah,
E
Up on your own.
            C
 So come on, up on your own.
F#
Get up on your own.
       A
So get up on your own, yeah
E
Get up, get up.
       C
Come on get up.
           F#
That's right, get up, get up.
         A
Come on and get up.
       E
Come on get up.
     C
Yeah, get up, get up.
           F#
Come on and get up, get up.
     A   **E**
Come on, get up, get up, yeah.

You're The Reason I'm Leaving

**Words & Music by
Alexander Kapranos, Nicholas McCarthy, Robert Hardy & Paul Thomson**

Bm   A   D   F#   F#m   E   G

Intro | Bm | A | Bm | A | D | A ||

Verse 1
     Bm   A
    Some granite wall
               D   A
Numbs our bones, numbs our all.
         Bm   D
As we sit on skinny hands,
             F#
Nothing to say, nothing at all, oh.
Bm   A   D   A
I don't know you and I, don't want to
       Bm   D
You're so awkward just like me
       F#
But I don't care.

Chorus 1
   Bm   F#m
Oh, you're the reason I'm leav - ing,
Bm   F#m
You're the reason I'm leav - ing,
D   A
If I'm leaving we don't stop living you know.

Verse 2
Bm A   D   A
I'd no idea, oh oh, that in four years
  Bm   D
I'd be hanging from a beam
          F#m
Behind the door of number ten
    A   E   Bm   F#
Singing fare thee well, fare thee well, fare thee well,
 A   E   D
I am leaving. Yes, I leave it all to you.

© Copyright 2005 Universal Music Publishing Limited.
All Rights Reserved. International Copyright Secured.

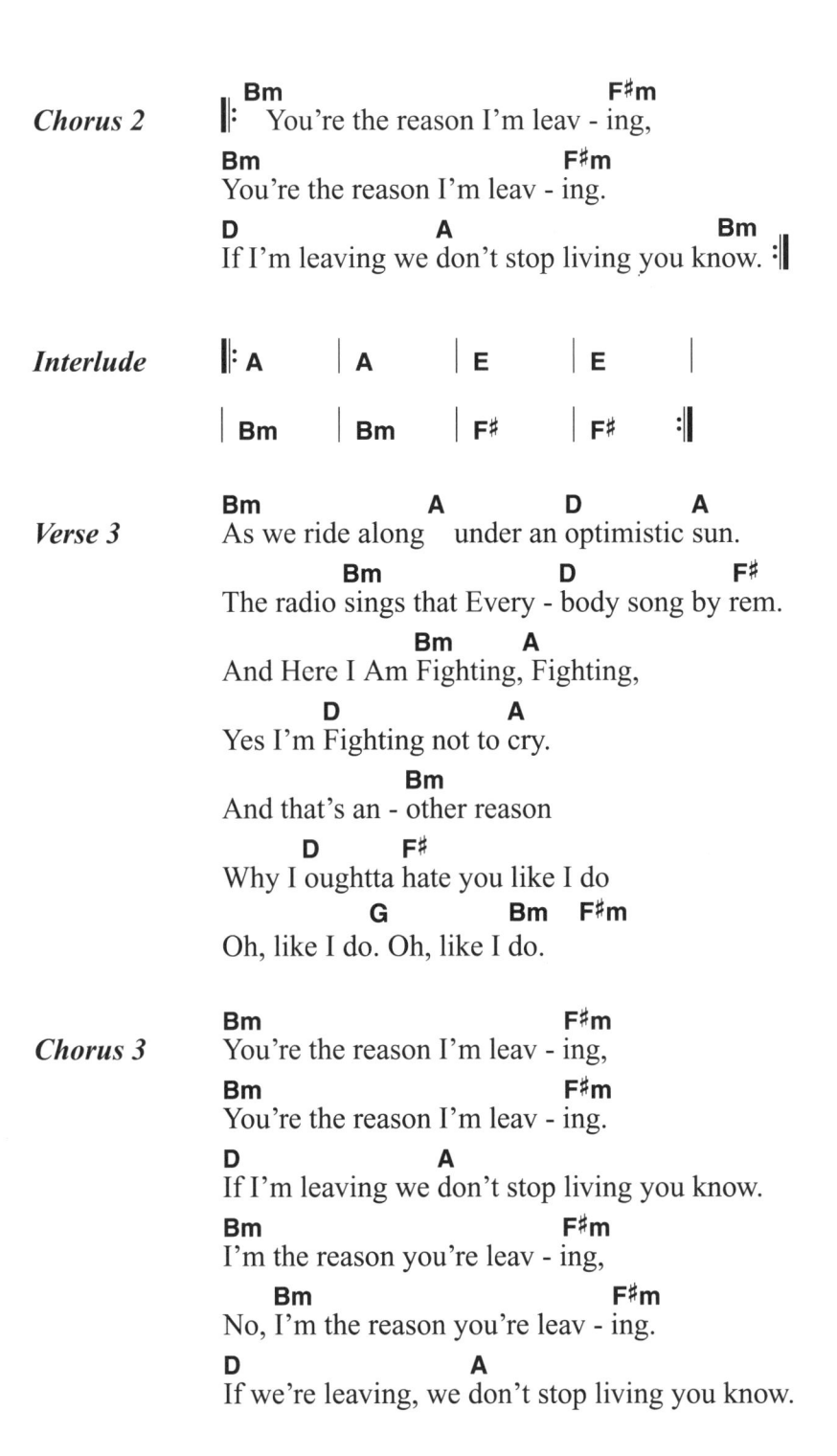

Chorus 2

|:   **Bm**   **F♯m**
You're the reason I'm leav - ing,
Bm   **F♯m**
You're the reason I'm leav - ing.
D   **A**   **Bm**
If I'm leaving we don't stop living you know. :|

Interlude

|: **A** | **A** | **E** | **E** |

| **Bm** | **Bm** | **F♯** | **F♯**   :|

Verse 3

Bm   **A**   **D**   **A**
As we ride along   under an optimistic sun.
                Bm   **D**   **F♯**
The radio sings that Every - body song by rem.
                Bm   **A**
And Here I Am Fighting, Fighting,
        D   **A**
Yes I'm Fighting not to cry.
                  Bm
And that's an - other reason
       D   **F♯**
Why I oughtta hate you like I do
          G   **Bm** **F♯m**
Oh, like I do. Oh, like I do.

Chorus 3

Bm   **F♯m**
You're the reason I'm leav - ing,
Bm   **F♯m**
You're the reason I'm leav - ing.
D   **A**
If I'm leaving we don't stop living you know.
Bm   **F♯m**
I'm the reason you're leav - ing,
     Bm   **F♯m**
No, I'm the reason you're leav - ing.
D   **A**
If we're leaving, we don't stop living you know.

Relative Tuning

The guitar can be tuned with the aid of pitch pipes or dedicated electronic guitar tuners which are available through your local music dealer. If you do not have a tuning device, you can use relative tuning. Estimate the pitch of the 6th string as near as possible to E or at least a comfortable pitch (not too high, as you might break other strings in tuning up). Then, while checking the various positions on the diagram, place a finger from your left hand on the:

5th fret of the E or 6th string and **tune the open A** (or 5th string) to the note **A**

5th fret of the A or 5th string and **tune the open D** (or 4th string) to the note **D**

5th fret of the D or 4th string and **tune the open G** (or 3rd string) to the note **G**

4th fret of the G or 3rd string and **tune the open B** (or 2nd string) to the note **B**

5th fret of the B or 2nd string and **tune the open E** (or 1st string) to the note **E**

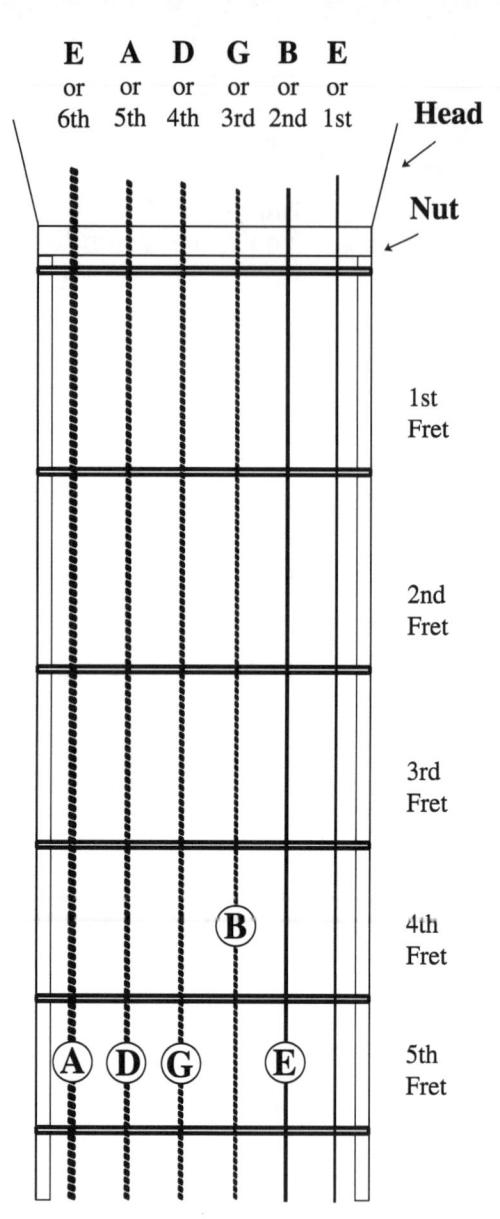

Reading Chord Boxes

Chord boxes are diagrams of the guitar neck viewed head upwards, face on as illustrated. The top horizontal line is the nut, unless a higher fret number is indicated, the others are the frets.

The vertical lines are the strings, starting from E (or 6th) on the left to E (or 1st) on the right.

The black dots indicate where to place your fingers.

Strings marked with an O are played open, not fretted. Strings marked with an X should not be played.

The curved bracket indicates a 'barre' - hold down the strings under the bracket with your first finger, using your other fingers to fret the remaining notes.

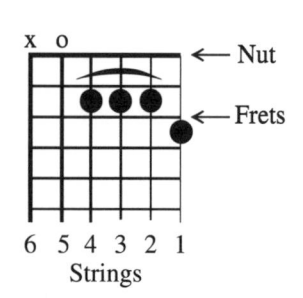

64